Claus Schaefer

Grundkurs Aquaristik

3., überarbeitete Auflage
92 Farbfotos
16 Zeichnungen

Ulmer

Vorwort

Wenn früher die Aquaristik eine Folge der Beschäftigung mit der Natur war, ist es inzwischen eher umgekehrt. Heute darf man keine Frösche, Molche oder Fische mehr fangen und nach Hause mitnehmen, wo man sie weiter beobachten möchte. Aus Gründen des Natur- und Artenschutzes ist die Entnahme von Wildtieren aus der Natur inzwischen verboten. Allerdings werden damit auch der selbstverständliche Umgang mit Tieren, das unvoreingenommene Lernen am lebenden Objekt und damit das von selbst gewachsene Verständnis für Zusammenhänge in der Natur immer seltener.

Auf die Aquaristik hat das zweierlei Auswirkungen: Zum einen besteht durch die Beschäftigung mit Pflanzen und Fischen immer noch die Möglichkeit, nicht nur ein »lebendes Bild« zu besitzen, sondern ohne Anstrengung und ohne erhobenen Zeigefinger etwas zu lernen. Zum anderen wird eine erste Anleitung immer wichtiger, denn es geht ja nicht nur darum, Unschönes im Sinne der Attraktivität eines Aquariums zu verhindern; vor allem muss sich der Besitzer von Tieren seiner Verantwortung bewußt sein, die er mit dem Kauf von Tieren übernimmt.

Wem alle diese hehren Gedanken vielleicht zu hochtrabend sind, der kann sich immer noch auf die Begründung zurückziehen, die alle länger praktizierenden Aquarianer bestätigen werden: Es macht einfach Spaß! Aber selbst dazu ist ein kleiner Leitfaden ganz nützlich.

Mein Dank gilt allen, die mir mit ihrer Erfahrung, Ihren Anregungen und ihrer Kritik am Manuskript geholfen haben. Besonders verpflichtet bin ich dem erfahrenen Aquarianer Michael Kokoscha, dessen Mitarbeit als Lektor für solch ein Vorhaben nur als Glücksfall bezeichnet werden kann.

Bonn, im Herbst 1997
Claus Schaefer

Zur dritten Auflage

Eine dritte Auflage ist nötig geworden. Diese Möglichkeit haben der Verlag und ich genutzt, den „Grundkurs Aquaristik" zu aktualisieren und vor allem im Bereich des technischen Zubehörs auf den neuesten Stand zu bringen.

Mein besonderer Dank gilt Frau Dr. Eva-Maria Götz, die als Lektorin das Projekt unermüdlich und zuverlässig begleitet hat.

Bonn, im Frühjahr 2007
Claus Schaefer

Inhalt

Das Aquarium

Die Auswahl des Aquariums

Heutzutage finden sich nur noch zwei Behälterarten im Handel: Kunststoffbecken und mit Silikonklebstoff verklebte Glasaquarien.

Der einzige Vorteil des Kunststoffbeckens, sein Gewicht, macht die vielen Nachteile nicht wett. Da das Material recht empfindlich ist, zerkratzt und bricht es leicht. Es werden nur bestimmte kleine Größen hergestellt, und billiger als das »normale« Aquarium ist es außerdem auch nicht.

Die bessere Wahl ist mit Sicherheit das geklebte Glasaquarium. Es ist im Handel in vielen Größen vorrätig, selbst Sondermaße lassen sich problemlos anfertigen, und es hat sich millionenfach bewährt. Aber auch hier gibt es Unterschiede.

Auch wenn manche Zeitgenossen so tun: **Die Aquaristik ist keine Wissenschaft!** Sie ist und bleibt eine Liebhaberei mit allen Vorzügen und Nachteilen einer empirischen Beschäftigung. Damit aber nicht allzu viele Irrtümer Fisch und Mensch das Leben unnötig schwer machen, gibt es Fachhändler, Vereine und Bücher wie dieses hier.

Was den Umgang mit den erforderlichen Apparaten und Maschinchen angeht, ist alles nur halb so wild. Das Wichtigste erfahren Sie hier, und Routine wird sich mit dem täglichen Umgang einstellen.

Bevor es jetzt aber wirklich losgeht, nur noch eine Bitte: Haben Sie Geduld! Denn Ungeduld ist der schlimmste Fehler, der einem in der Aquaristik unterlaufen kann.

Da sind zuerst die zwei verschiedenen Verklebungsarten (siehe Abbildung rechts), die allerdings bei den Beckengrößen, um die es hier geht, keine Rolle spielen. Es heißt, dass die Stoßverklebung stärkeren Belastungen standhält; die Kraft des Silikonklebers ist jedoch so groß, dass man dieses Argument erst bei Aquariengrößen in Betracht ziehen sollte, die jenseits der Grenze dessen liegen, was man sich gemeinhin ins Wohnzimmer stellt. Die Rundverklebung mag zwar schöner aussehen, aber das ist Geschmackssache und bleibt folglich jedem selbst überlassen. Und sie ist ein bisschen teurer als die Stoßverklebung.

Noch etwas teurer sind die Behälter, bei denen auf die Klebenähte ein zusätzlicher Rahmen, meist aus Kunststoff, gesetzt worden ist. Das ist nun wirklich nur Kosmetik und trägt zur Sicherheit nichts bei. Aber wenn Sie es schöner finden…

Mit oder ohne Deckscheiben?

Ob ein Aquarium mit Glasscheiben abgedeckt wird oder nicht, hängt ebenfalls hauptsächlich vom Geschmack des Besitzers ab. Deckscheiben sollen in erster Linie verhindern, dass zu viel Wasser verdunstet, ein Effekt, der sich besonders bei der geringen Wassermenge kleinerer Aquarien unschön bemerkbar macht. Da aber sowieso regelmäßig ein Teil des Wassers gewechselt wird, ist das weniger wichtig, denn dann kann man es ja wieder auffüllen. Außerdem ist der verdunstungsfördernde Temperaturunterschied zwischen Aquarium und Wohnraum heutzutage lange nicht mehr so groß wie in der Frühzeit der Aquaristik. Die Gefahr der Schimmelbildung besteht deswegen auch

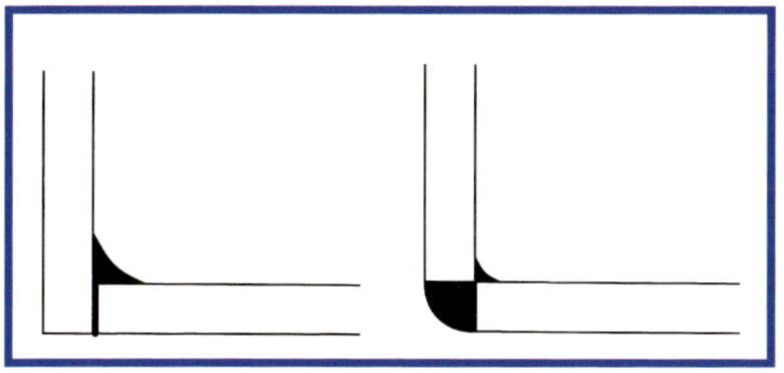

Die Rundverklebung (rechts) ist meistens etwas teurer als die Stoßverklebung (links).

höchstens noch an Außenwänden in kalten Wintern.

Deckscheiben verhindern aber auch, dass verschiedene Dinge ins Aquarium gelangen (etwa Staub, Spielsachen oder die Hauskatze), aber auch hier entsteht meist für keinen Beteiligten eine ernsthafte Bedrohung. Bei Aquarien mit einer kompletten Beleuchtungshaube stellt sich diese Frage sowieso nicht. Will man aber die Lampe oder die Lampen über dem Becken aufhängen, sollte man sich schon einmal überlegen, ob ein oben offenes Aquarium nicht auch seine Reize hat. Erstens hat man von oben einen interessanten Einblick ins Geschehen, zweitens wachsen viele Pflanzen über die Wasseroberfläche hinaus, blühen und entwickeln auch andere Blattformen an der Luft, und drittens werden alle Verrichtungen am Aquarium vom Füttern bis zum Herausfangen eines Fisches wesentlich erleichtert.

Eigentlich gibt es nur zwei gewichtige Argumente, die für eine Abdeckung des Aquariums sprechen. Einmal verhindert die Deckscheibe einen zu großen Temperaturunterschied zwischen Aquariumwasser und der Luft über der Oberfläche; das ist aber nur bei der Pflege von Fischen wichtig, die auch Luft atmen (Labyrinthfische vor allem) und fällt bei der schon angesprochenen heutigen Wohnraumtemperatur auch kaum ins Gewicht.

Zum anderen verhindern Deckscheiben ein Herausspringen der Fische. Zumal oberflächenorientierte Fische springen oft, besonders auf der Jagd nach Insekten; aber auch verfolgte unterlegene Tiere suchen auf der Flucht oft ihr Heil im Sprung über die Oberfläche. Zwar verhindert ein sofortiges Zurücksetzen ins Wasser meist den Vertrocknungstod, aber wer hält schon dauernd vor dem Aquarium Wacht? Besteht also diese Gefahr, dann sollte man sich die entsprechenden Scheiben entweder gleich mitbestellen oder beim Glaser anfertigen lassen. Allerdings darf man nicht vergessen, dass Aussparungen, zum Beispiel für die Filterschläuche oder die Fütterung, vorhanden sein müssen.

Das Aquarienformat

In jedem Zoofachgeschäft sind verschiedene Aquariengrößen vorrätig. Die Industrie hat sich aus unerklärlichen Ratschlüssen darauf geeinigt, dass die Haupttypen 60 x 30 x 30, 80 x 35 x 30, 100 x 40 x 40 und 120 x 40 x 50 Zentimeter messen. (Aquarienmaße werden meist in der Reihenfolge Länge x Breite x Höhe angegeben. Um Missverständnisse auszuschließen, ist es trotzdem sinnvoll, die jeweils gemeinte Kante zu benennen.)

Die Behälter sind also meist höher als breit, was sich vielleicht günstig beim Einpassen in die Wohnungseinrichtung auswirkt, aber aus der Perspektive der Fische betrachtet eher unsinnig ist. Die meisten Aquarienfische orientieren sich an den Bodenstrukturen, sie »denken« eher in Fläche als in Höhe; das macht sich zum Beispiel bei der Errichtung von Brutrevieren bemerkbar.

Ein tieferes, also breiteres Aquarium lässt sich auch problemloser einrichten und wirkt zudem mit seiner größeren Tiefenwirkung schöner auf den Betrachter.

Ist man bereit, etwas mehr Geld und Zeit aufzubringen, kann man sich auch nahezu jedes beliebige Sondermaß anfertigen lassen. Dann passen allerdings die ebenfalls standardisierten Beleuchtungsabdeckungen oft nicht, und hier werden Sonderanfertigungen schon ganz schön teuer. Aber auch dafür gibt es andere Möglichkeiten, die im Kapitel »Licht und Beleuchtung« besprochen werden.

Für Fische wie den Brillantsalmler ist es wichtiger, ein Aquarium mit einer großen Grundfläche als ein hohes Becken anzubieten.

Mit den vorgegebenen Formaten kann man zurechtkommen. Mittlerweile gibt es aber sogar bei den kleinen Aquarien Modelle, die etwas tiefer sind – beispielsweise 60 x 35 x 40 Zentimeter – und auf jeden Fall vorgezogen werden sollten.

Wie groß soll das Aquarium sein?

Hier gilt ein alter Grundsatz: Je größer, desto besser. Ein großes Aquarium bietet nicht nur vielfältigere Möglichkeiten beim Einrichten, sondern ermöglicht auch eine hohe Stabilität der Wasserwerte. Man sollte dabei nicht von einem Gleichgewicht sprechen und schon gar nicht ein »biologisches Gleichgewicht« bemühen; es ist einfach so, dass eine größere Wassermenge Schwankungen nicht so leicht zulässt wie eine kleine. Zu große Futtermengen oder ein toter Fisch verursachen dann eben nicht so schnell ein »Umkippen« des Wassers.

Als sinnvolle untere Grenze sollte man ein „großes", 60 Zentimeter langes Aquarium mit 84 Liter Inhalt betrachten. Besser wäre natürlich ein noch größerer Behälter. Es ist aber auch verständlich, dass man zu Beginn nicht gleich mit einer Badewanne ins Hobby einsteigen möchte.

Einsteigersets

Im Fachhandel werden Aquarien schon mit dem benötigten technischen Zubehör als »Komplettsets« oder »Einsteigerkombinationen« angeboten. Oft sind sie preislich günstiger als der Kauf der einzelnen Teile. Neben dem Aquarium gehören Filter, Heizer und Abdeckung mit integrierter Beleuchtung als Mindestausstattung dazu.

Als Filter sollte man einen motorgetriebenen Innen- oder Außenfilter bevorzugen; mit Luftpumpe betriebene Schwammfilter sind in vielen Fällen weniger empfehlenswert (mehr dazu im Kapitel »Filterung und Filter«). Der Heizer muss die hierzulande üblichen Prüfzeichen (beispielsweise TÜV, VDE, GS) tragen, um die erforderliche elektrische Sicherheit zu gewährleisten. Besteht die Möglichkeit, wählt man eine Abdeckung mit mindestens zwei Leuchtstoffröhren.

Überzeugen Sie sich von der Tauglichkeit und Betriebssicherheit aller Komponenten. Achten Sie beim Aquarium selbst auf gute Verarbeitung und eine möglichst dreijährige Garantie und schauen Sie nach, ob Heizer, Abdeckung und Filter Markenfabrikate sind, die auch als Einzelgeräte verkauft werden. Damit ist dann zumindest gesichert, dass sie sich einigermaßen bewährt haben. Qualitativ gute Kombinationen auf der Basis eines »großen« 60-Zentimeter-Aquariums sind schon für etwa Euro 150,– zu haben.

Die Technik

Auch wenn es noch so sehr nach Natur aussieht – ein Aquarium stellt immer ein künstliches System dar, das vom Menschen betrieben und erhalten werden muss. Dazu stehen ihm verschiedene technische Hilfsmittel zur Verfügung. Mit dem Heizer wird das Wasser erwärmt, der Filter sorgt für seine Klärung und Umwälzung sowie den Abbau der Abfallstoffe, und die Beleuchtung führt den Pflanzen das nötige Licht zu, wenn sie nicht nur dem Zweck dient, den Betrachter überhaupt etwas erkennen zu lassen.

Die Heizung

Die Fische, die wir in der Aquaristik am häufigsten pflegen, stammen aus tropischen oder subtropischen Weltregionen. Da die Gewässer dort meist eine höhere Temperatur aufweisen als unsere Wohnzimmer, müssen die Aquarien geheizt werden. Um die richtige Temperatur einstellen zu können, muss man jedoch zuerst die Bedürfnisse der gepflegten Fische kennen und darf natürlich nur solche Arten miteinander vergesellschaften, die auch dieselbe Wärme bevorzugen. Zur Herkunft und zu den Ansprüchen der einzelnen Arten ist im Kapitel »Die Fische« und im »Kleinen Fischatlas« mehr zu lesen.

Am weitesten verbreitet: der Regelheizer

Das gebräuchlichste Gerät zur Erwärmung des Wassers ist der Regelheizer, der auch die preiswerteste Lösung darstellt. Am Kopfende reguliert man mit einer Rändel- oder Schlitzschraube die gewünschte Temperatur ein, die freilich anfangs mit einem Thermometer kontrolliert werden muss, denn so genau sind diese Einstellmöglichkeiten nicht. Eventuell angebrachte Temperaturskalen können allerdings als Richtwerte hilfreich sein.

Immerhin verfügen die meisten Regelheizer inzwischen über einen so genannten Trockenlaufschutz, das heißt, sie schalten sich automatisch ab, wenn der Wasserspiegel zu weit sinkt. Damit ist nicht nur eine Beschädigung des Heizers und damit sein Verlust – denn geplatzte Heizer lassen sich nicht reparieren – ausgeschlossen, sondern auch die größte Unfallgefahr gebannt. Früher geschah es oft beim Wasserwechsel, dass der Heizer,

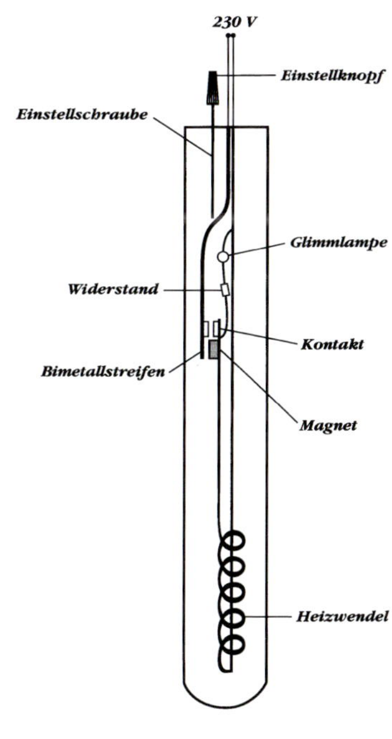

Die meisten Regelheizer enthalten einen Bimetallschalter, der den Heizer abhängig von der Wassertemperatur ein- oder ausschaltet.

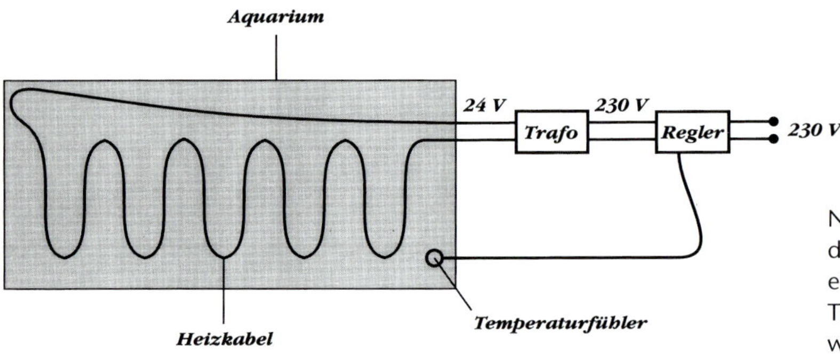

Niedervoltheizkabel dürfen nur mit einem geeigneten Trafo betrieben werden.

den man vergessen hatte auszuschalten, bei Berührung mit dem plötzlich wieder steigenden Wasser platzte und seine stromführenden Teile mit dem Wasser in Kontakt kamen.

Wer sich gegen Bruchgefahr vollständig absichern will, kann zu inzwischen erhältlichen Geräten aus einer Titanlegierung greifen. Auch bei der Pflege großer Fische sind diese Metallheizer empfehlenswert, denn so kann ein durch heftige Bewegungen etwa großer Buntbarsche verursachter Glasbruch vermieden werden.

Gegen den Stabheizer spricht weiterhin, dass eine eher unschöne grüne, braune oder schwarze Röhre im Aquarium ästhetisch nicht den besten Eindruck macht. Meist lässt sich der Heizer aber so anbringen, dass er nicht zu sehr auffällt.

Regelheizer gibt es in unterschiedlichen Leistungsstufen (Wattstärken): 25, 50, 75, 100, 150, 200 und 300 Watt. Es leuchtet ein, dass ein größeres Aquarium auch eine größere Heizleistung benötigt als ein kleines; umgekehrt soll ein kleines Aquarium aber auch nicht mit einem zu groß dimensionierten Heizer betrieben werden, denn die stärkere Erwärmung des Wassers würde zu häufigeren Schaltvorgängen führen, was die Abnutzung der Kontakte fördert. Sollte der Heizer durch einen Fehler ununterbrochen weiterarbeiten, können die Fische auf diese Weise regelrecht »gegart« werden. Viele Aquarianer wechseln deshalb nach etwa zwei Jahren den Heizer gegen einen neuen aus. Aber welche Stärke soll man nun für sein Aquarium wählen? Neben der Aquariengröße spielt die Temperatur des Raumes, in dem das Aquarium aufgestellt werden soll, eine nicht zu unterschätzende wichtige Rolle, denn natürlich ist weniger Leistung nötig, wenn nur ein kleinerer Unterschied zwischen Raum- und Aquarientemperatur überwunden werden muss. In ständig geheizten Räumen genügt eine Leistung von einem halben Watt pro Liter Aquarieninhalt. Ein Becken mit den Maßen 80 x 30 x 35 Zentimeter und einem Inhalt von 96 Litern sollte also in diesem Fall mit einem Heizer von höchstens 50 Watt Leistung betrieben werden. In ungeheizten oder nur manchmal beheizten Räumen sollte eine Mindestleistung von einem Watt pro Liter gewählt werden. Bei unserem 96-Liter-Aquarium wäre das dann ein Heizer mit 100 Watt Leistung.

Sorgt für »warme Füße«: Das Heizkabel

In den Anfängerkombinationen sind immer die oben beschriebenen Regelheizer enthalten. Eine andere Möglichkeit stellt das auf dem Aquarienboden verlegte Heizkabel dar. In Schlingen und Biegungen wird es möglichst gleichmäßig auf dem blanken Glasboden verlegt und mit speziellen Saugern fixiert. Da es über einen Transformator mit einer Niederspannung von 24 oder 42 Volt versorgt wird, ist es sehr viel sicherer als die mit der normalen Netzspannung von 230 Volt arbeitenden Regelheizer. Im Falle einer Beschädigung kann das Aquarium also zwar unter Strom stehen, die niedrige Spannung ist für Menschen aber nicht gefährlich.

Der große aquaristische Vorteil besteht jedoch in den »warmen Füßen«, die diese Art der Heizung den Pflanzen beschert. Die Erwärmung des Bodengrundes gewährleistet, dass im Boden dieselben Temperaturen herrschen wie im Wasser. Durch das Aufsteigen des erwärmten Wassers wird zudem eine Zirkulation erreicht, die eine Fäulnisbildung im Boden verhindert und die Wurzeln der Pflanzen mit frischem Wasser und damit Sauerstoff versorgt sowie gleichzeitig Nährstoffe herantransportiert.

Solche Heizkabel, die auch unter der Bezeichnung »Bodenfluter« angeboten werden, werden am besten nur als Zusatzheizung neben einem Regelheizer verwendet und sollten deshalb auch nur eine geringe Leistung haben. Für unser schon öfter als Beispiel benutztes 80-Zentimeter-Aquarium reicht eine Leistung von acht bis 20 Watt völlig aus.

Weitere Heizungssysteme

Etwas günstiger sind Heizmatten, die auf einer isolierenden Lage Styropor unter das Aquarium gelegt werden. Auch hier ist die elektrische Sicherheit relativ groß. Beiden Systemen haftet aber ein kleiner Schönheitsfehler an: Sind sie einmal defekt, ist ein Auswechseln nur mit einer gehörigen Portion Arbeit und Geduld zu bewerkstelligen.

Eine dritte Möglichkeit ist der im Motoraußenfilter eingebaute Heizer. Das Heizelement besteht – ähnlich wie bei einem Tauchsieder – aus einem Metallring, der direkt unter dem Motorkopf mit der Pumpe und den Armaturen sitzt. Die Temperatur wird über einen Drehknopf auf dem Pumpenkopf geregelt. Auch hier ist das Unfallrisiko sehr viel geringer als beim Stabheizer aus Glas. Fällt allerdings einmal der Filter aus, nützt der Heizer auch nichts mehr. Umgekehrt muss beim Versagen des Heizers auch der Filter vorübergehend stillgelegt werden. Auf jeden Fall ist es empfehlenswert, stets einen Regelheizer in Reserve zu haben.

Filterung und Filter

Gegenüber den meisten Gewässern der Natur sind unsere Aquarien bestenfalls kleine Lachen, in denen im Verhältnis zum Wasserinhalt viel zu viele Tiere leben. Die aus den Ausscheidungen der Fische, aus Futterresten und abgestorbenen Pflanzenteilen entstehenden Abfallprodukte belasten das Aquarienwasser, und die geringe Wassermenge ist natürlich nicht in der Lage, dieselben Reinigungskräfte zu entfalten wie ein Fluss, ein See oder auch nur ein kleiner Bach. Um eine sich immer weiter steigernde Verschmutzung zu unterbinden und eine gleichbleibend gute Qualität des Aquarienwassers zu gewährleisten, setzt man Wasserwechsel und Filterung ein.

Die erste wichtige Aufgabe der Filterung ist das Aussieben kleiner Partikel, die das Wasser trüben. Um dieses Klarhalten des Aquarienwassers, die mechanische Filterung, möglichst effektiv arbeiten zu lassen, benutzt man Filtersubstrate wie Schaumstoff und Filterwatte (nicht zu verwechseln mit medizinischer Watte). Um ein Zersetzen der herausgefilterten Teilchen und damit eine erneute Wasserbelastung zu vermeiden, ist es notwendig, das Filtersubstrat häufig auszuwaschen (dazu unten mehr).

Der Filter unterstützt jedoch auch die Umwandlung von schädlichen im Wasser gelösten Abbauprodukten. Man spricht hier auch von »biologischer Filterung«, weil Bakterien das Filtermaterial, durch das das »schmutzige« Aquarienwasser geleitet wird, besiedeln, die Abfallprodukte aufnehmen und als weniger schädliche Stoffwechselprodukte wieder abgeben. Diese wiederum werden von anderen Bakterien zu nochmals weniger belastenden oder gefährlichen Stoffen umgebaut.

Bei diesen Bakterien ist auch der Grund zu suchen, dass man einem Aquarium zu

Beginn Zeit lassen muss und nicht sofort Fische einsetzen darf. Eine gewisse Besiedlung durch für uns nützliche Bakterien ist zwar schon bei der Einrichtung des Aquariums vorhanden, doch sind es noch viel zu wenige, um eine plötzliche Belastung zu verarbeiten. Außerdem vermehren sich bestimmte Bakterien schneller als andere. Aber auch nach dieser Zeit darf man nicht zu viele Fische auf einmal einsetzen.

Von den Fischen wird das giftige Ammoniak ausgeschieden, das von bestimmten Bakterien in Nitrit umgewandelt wird. Nitrit ist jedoch auch schon in niedriger Konzentration hochgiftig. Zu viele eingesetzte Fische würden das Wasser immer weiter belasten, immer mehr Nitrit würde sich anreichern und die Tiere in kurzer Zeit umbringen.

Nach 10 bis 14 Tagen aber hat sich das Bakteriengefüge soweit stabilisiert, dass nun am Ende der Abbaukette das sehr viel ungiftigere Nitrat steht. Das wird dann durch einen regelmäßigen Teilwasserwechsel immer wieder entfernt, so dass es keinen Schaden anrichten kann.

Die in breiter Vielfalt angebotenen »Starterbakterien« sind nicht alle gleich zuverlässig wirksam, weshalb man sich auf jeden Fall die Zeit bis zum Besatz mit Fischen nehmen sollte.

Neben seiner Filterwirkung sorgt der Filter für eine Wasserströmung im Aquarium, die an der Oberfläche die Aufnahme von Sauerstoff und die Abgabe von Kohlendioxid in Gang hält. Auch eine ungleichmäßige Wärmeverteilung im Aquarium wird durch die Umwälzung des Wassers verhindert. Nicht zuletzt leben viele Fische auch in der Natur in einer zumindest schwachen Wasserströmung und suchen sie auch im Aquarium gern auf.

Die Filtertypen

Wie schon bei der Heizung und später auch bei der Frage der Beleuchtung steht der angehende Aquarianer vor der Qual der Wahl, denn auch hier kommen verschiedene Systeme und Modelle in Frage.

Bei Filtern gibt es zwei prinzipielle Unterscheidungsmöglichkeiten:

- nach Antriebsart (luft- oder motorbetrieben)
- nach Platzierung (Innen- und Außenfilter).

Alle Kombinationen dieser Merkmale sind vertreten, so dass wir schließlich auf vier Filtertypen kommen:

- motorbetriebener Innenfilter
- luftbetriebener Innenfilter
- motorbetriebener Außenfilter
- luftbetriebener Außenfilter

Die ältere und auch heute noch zuverlässig funktionierende Methode ist der Luftbetrieb. Dazu benötigt man eine Membranpumpe. Das ist ein (hoffentlich) leise schnurrender kleinerer oder größerer Kasten, der aus einem Stutzen beständig Luft pustet. Diese schwache Druckluft wird mit einem dünnen Schlauch zum Filter geführt, wo sie sich in einem Steigrohr mit dem umgebenden Wasser vermischt und es wieder ins Aquarium zurückbefördert.

Bei motorbetriebenen Modellen erzeugt eine Kreiselpumpe, die meist in direkter Nähe des Filtersubstrates sitzt, eine Strömung, die das Aquarienwasser durch den Filter saugt. Ob der Filter als eher kleiner Apparat im Aquarium angebracht oder als größeres Gerät außerhalb des Aquariums aufgestellt und mit Schläuchen mit ihm verbunden wird, macht den Unterschied zwischen motorbetriebenem Innen- und Außenfilter aus.

Wieder häufiger angeboten werden »Huckepack-Außenfilter« für kleinere Aquarien, die direkt am Beckenrand eingehängt werden. Die Funktionsweise wird anhand der Abbildungen auf Seite 11 schnell deutlich.

Welche Antriebsart ein Filter auch hat, immer wird das verschmutzte Wasser durch ein **Filtersubstrat** geleitet. Oftmals werden verschiedene Aufgaben im selben Material bewältigt. Schaumstoffpatronen oder Filter-

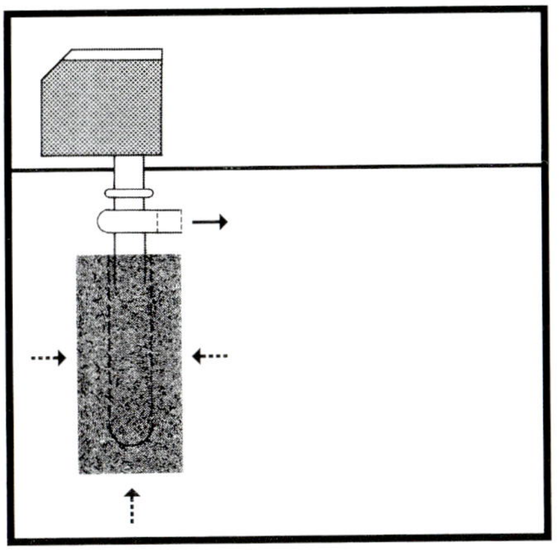

Bei motorbetriebenen Innenfiltern kann sich die Kreiselpumpe entweder oberhalb (hier dargestellt) oder, bei anderer Bauweise, unterhalb des Wasserspiegels befinden.

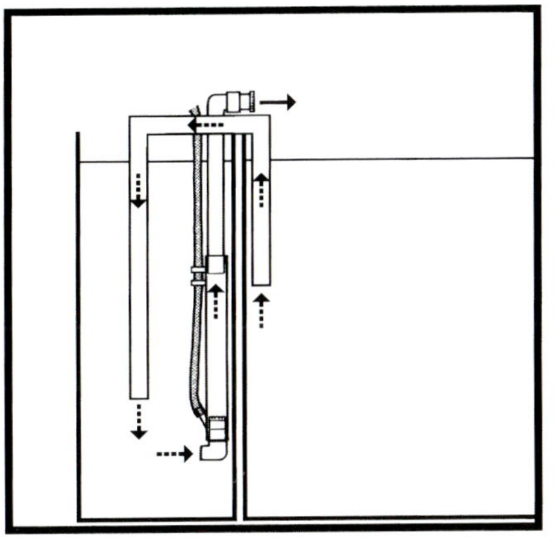

Luftbetriebene Außenfilter sind etwas aus der Mode gekommen. Zwecks besserer Übersicht ist in der Zeichnung das Filtermaterial weggelassen worden.

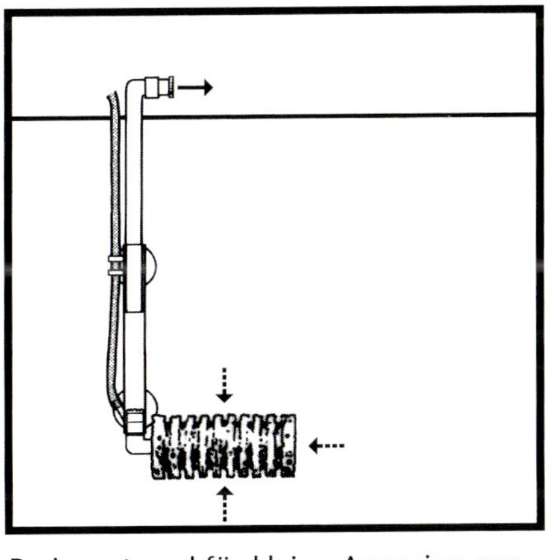

Preiswert und für kleine Aquarien ausreichend: luftbetriebener Schaumstoffinnenfilter.

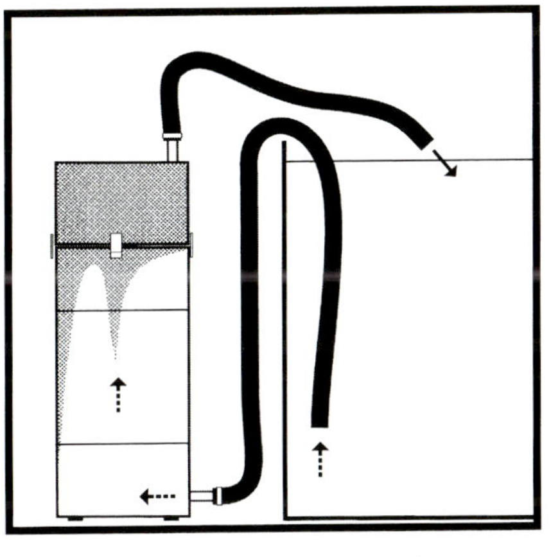

Kreiselpumpenaußenfilter mit leistungsstarken Pumpen eignen sich auch für große Aquarien.

wattelagen halten Schwebstoffe zurück und werden gleichzeitig von nützlichen Bakterien besiedelt.

Andere Materialien dienen hauptsächlich der Beeinflussung der Wasserwerte (Torf oder Kunstharze) und zur Entfernung von Medikamenten oder chemischen Schadstoffen (Aktivkohle). Neu auf dem Markt sind Substrate, die Wasserhärte und Säuregrad verändern oder verschiedene Schadstoffe (Nitrat, Phosphat) entfernen und für verschiedene gängige Innen- und Außenfiltermodelle angeboten werden. Zu hohe Schadstoffwerte sollten allerdings zumindest auf Dauer nicht am Symptom behandelt werden – man muss der Ursache schon auf den Grund gehen. Meistens empfiehlt sich auch eher einfach ein häufigerer Wasserwechsel.

Innenfilter sind fast immer mit einer Schaumstoffpatrone ausgerüstet, die wegen ihres geringen Volumens hauptsächlich der mechanischen Filterung dient und dementsprechend häufig gereinigt werden muss. Außenfilter können dagegen mit verschiedenen Substraten – auch gleichzeitig in abwechselnden Lagen – beschickt werden. Am günstigsten ist es, als erstes eine Schicht einzubringen, die die gröberen Partikel zurückhält, grobe Filterwatte etwa. Den größten Teil des Filtervolumens füllt man dann mit einem Material, das gut von Bakterien besiedelt werden kann. Dafür kommen Substrate in Frage, die eine möglichst große Oberfläche besitzen. Dabei weisen kleine, in sich stark strukturierte Körper eine größere Oberfläche auf als glattwandige größere Teile. Um auch kleine und kleinste Schmutzpartikel im Filter zu halten, schließt eine Lage Schaumstoff oder Watte als letzte Schicht den Filter nach oben ab.

Filtermaterialien

Filterwatte: hauptsächlich mechanische Filterung.

Kies: hauptsächlich mechanische Filterung.

Tonröhrchen: grobe mechanische Filterung, biologische Filterung.

Sinterglas: hauptsächlich biologische Filterung.

Aktivkohle: hauptsächlich chemische Filterung.

Torf: Abgabe von Huminstoffen, Ansäuerung des Wassers.

Wie groß muss der Filter sein?

Der Filter muss in seinen Dimensionen natürlich seinen Aufgaben, also dem zu filternden Aquarium mit seiner Besatzdichte, angepaßt sein. Dabei kann das durchflossene Volumen eigentlich nicht groß genug sein. Die Förderleistung der Pumpe darf aber nicht so stark gewählt werden, dass die Fische nur noch gegen eine übermächtige Strömung ankämpfen müssen. Verschiedene Formeln, in denen festgelegt worden ist, wie oft der Aquarieninhalt pro Stunde umgewälzt werden soll, sind nicht sehr hilfreich, da die verschiedenen Filtermaterialien und auch der Verschmutzungsgrad des Filters den Durchfluss beeinträchtigen.

Das Volumen der den Anfängersets beigegebenen Filtermodelle ist oft zu klein. Daher dürfen entweder nur wenige Fische gehalten oder es muss ein größerer Filter angeschafft werden.

Im Filter sammelt sich der Schmutz an, er muss also gereinigt werden – allerdings nicht erst, wenn es aus dem Filterauslauf nur noch tröpfelt. Der sichtbare Mulm würde ansonsten nur in eine unsichtbare Wasserbelastung zersetzt und umgewandelt.

Zur Reinigung des Filters darf man auf keinen Fall heißes Wasser verwenden. Das würde die Bakterien töten, und die ganze Geduld wäre umsonst gewesen. Am besten spült und drückt man bei einem Wasserwechsel das verschmutzte Substrat im abgelassenen Aquarienwasser aus. Bei größeren Filtern ist es aber durchaus angebracht, mit ganz normalem Leitungswasser zu arbeiten, wobei es vor allem bei Außenfiltern ausreicht, die vorfilternden Schichten, meistens Watte, in kürzeren Abständen zu reinigen, während die den Bakterien vorbehaltenen Substrate vielleicht nur alle drei oder vier Monate durchgespült werden sollten.

Zum Schluss noch etwas ganz Wichtiges: Ein Filter muss ununterbrochen arbeiten! Es gibt Aquarianer, die den Filter zur Fütterung abstellen, damit die Futterflocken nicht abgesaugt werden. Das geht so lange gut, bis einmal vergessen wird, ihn nach wenigen Minuten wieder einzuschalten.

Schon nach einigen Stunden kann es zu spät sein. Setzt man den Filter nämlich dann wieder in Gang, pumpt er eine ekelhaft nach faulen Eiern stinkende Brühe ins Aquarium, die die Fische binnen kürzester Zeit umbringen wird.

Sollte also, aus welchen Gründen auch immer, der Filter einmal für längere Zeit ausgefallen sein, transportiert man ihn am besten sofort ins Badezimmer und reinigt und spült ihn so lange, bis kein störender Geruch mehr festzustellen ist. Unter Umständen ist die nützliche Bakterienflora dann zerstört, aber ein eingefahrenes Aquarium weist auch im Bodengrund und auf allen besiedelbaren Flächen Bakterien auf, die den Filter schnell wieder erobern. Zunächst sollte aber auch das Wasser zum Teil gewechselt und nicht zu reichlich gefüttert werden.

Licht und Beleuchtung

In den Kindertagen der Aquaristik war die Beleuchtung eines der großen Probleme. Die in unseren Breiten unzuverlässige und im Jahreslauf unterschiedlich lange am Himmel stehende Sonne war die einzige verfügbare Lichtquelle. Im Sommer hatte man gegen Überhitzung und Grünalgen zu kämpfen, im Herbst starben viele Wasserpflanzen ab, und die Blaualgen übernahmen die Herrschaft.

Die Segnungen der Elektrizität haben alledem ein Ende bereitet. Und trotzdem ist die richtige Beleuchtung eines der meistdiskutierten Themen in der Aquaristik. Regelrechte ideologische Schulen verfechten unnachgiebig ihre Theorien, für den unbeschwerten Aquarianer nicht mehr verständliche Fachausdrücke wie Lux, Lumen und Kelvin fliegen hin und her – dabei ist die Sache so schwierig nun auch wieder nicht.

Bei der Beleuchtung sind es nicht die Fische, sondern die Pflanzen, die die Qualität und Quantität der einzusetzenden Technik bestimmen. In den Tropen leben Fische in kleineren, ständig beschatteten Gewässern, wechseln von sonnenbeschienenen Standorten in schummrige Bereiche, sind in den Savannen ständigem Sonnenschein ausgesetzt, leben in Seen, wo die Helligkeit mit zunehmender Tiefe schnell abnimmt oder stammen aus schlammigen, trüben Flüssen, Tümpeln und Pfützen. Unterschiedliche Herkunft, Mobilität und Toleranz der Fische lassen den Schluss zu, dass auch im Aquarium die Beleuchtung für die Fische von eher untergeordneter Bedeutung ist, wobei allerdings eine Einschränkung zu machen ist: In hellen, kahlen Aquarien werden die meisten Fische scheu und schreckhaft und werden sich furchtsam in den hinteren Ecken drängeln. Richtet man ein solches Becken aber mit Steinen und Wurzeln ein, bepflanzt es großzügig, sorgt also für dunklere Farben, für Unterstände und schattige Zonen, wird sich das Verhalten der Fische schlagartig ändern.

Möchte man einen gesunden und üppigen Pflanzenwuchs im Aquarium kultivieren, muss man der Frage der Beleuchtung schon einige Aufmerksamkeit widmen. Um hier ein wenig Klarheit zu schaffen, sollen zunächst einmal die wichtigsten technischen Möglichkeiten dargestellt werden.

Die verschiedenen Lampentypen

Aus Gründen der Wirtschaftlichkeit und wegen des mangelhaften Lichtspektrums kommen **Glühbirnen** für die Aquarienbeleuchtung nicht in Frage.

Sehr viel besser geeignet sind die neuen **Energiesparlampen**, denn sie sind auch in unterschiedlichen Spektralzusammensetzungen erhältlich. Für diesen Lampentyp wird im Handel eine Hängelampe angeboten, die für kleine bis mittelgroße Aquarien – dann muss man eben zwei Leuchten nebeneinander betreiben – hervorragend geeignet ist.

Ein Vorteil der Hängeleuchten gegenüber den »Abdeckleuchten« liegt in der Zugänglichkeit des Aquariums. Man kann das Aquarium nicht nur von oben betrachten, sondern auch ungehindert darin arbeiten, ohne vorher umständlich hantieren zu müssen.

Aber auch die Kästen, in denen Leuchtstoffröhren installiert sind, lassen sich zum Beispiel mit Ketten von der Decke abhängen, sodass die Wasseroberfläche immer zugänglich bleibt. Einen weiteren schönen Effekt bringen die Pendelleuchten mit punktförmiger Lichtquelle als kostenlose Beigabe mit: Es entstehen Licht- und Schatteneffekte wie draußen im Sonnenschein.

Die Abdeckungen, mit denen die Anfängersets ausgestattet sind, sind vor allem bei den kleineren Aquarien leider immer noch meistens für nur eine **Leuchtstoffröhre** ausgelegt. Glücklicherweise bekommt man mittlerweile auch bei kleineren Formaten Abdeckungen für zwei Röhren, denen man unbedingt den Vorzug geben sollte. Nicht nur, dass zwei Leuchtstoffröhren natürlich mehr Licht ergeben, viel wichtiger ist die Möglichkeit, verschiedene Typen von Leuchtstoffröhren miteinander zu kombinieren. Das ist für pflanzenbewusste Aquarianer ein unschätzbarer Gewinn.

Die unterschiedlichen Lichtfarben eignen sich nämlich nur bedingt für die Aquarienbeleuchtung. Es gibt spezielle Leuchtstoffröhrenl, die ein für Pflanzen günstiges Licht abstrahlen, dem Betrachter aber bestenfalls den Eindruck einer zwielichtigen Nachtbar vermitteln. Kombiniert man eine solche Leuchte allerdings mit einer Röhre hellerer Lichtfarbe, ist der Anblick wesentlich angenehmer. Kann man nur eine Leuchtstoffröhre installieren, muss man sich in der Pflanzenauswahl etwas beschränken.

Neuere Technologien erlauben eine sehr viel längere Brenndauer der Lampen, die nun nicht mehr nach bereits einem halben Jahr ausgewechselt werden müssen, sondern ihren Dienst über eine Betriebsdauer von etwa 15000 Stunden (das entspricht etwa zwei Jahren) ohne merklichen Verlust versehen.

Die neueste Entwicklung, die »T-5-Röhre«, ist noch sehr viel leistungsstärker, langlebiger und damit effizienter. Aufgrund ihrer abweichenden Bauart kann sie nicht in älteren Fassungen und mit herkömmlichen Vorschaltgeräten betrieben werden. Mit Sicherheit werden Röhren dieser Bauweise aber in Zukunft vermehrt auch in Aquarienabdeckungen und -lampen Verwendung finden.

Vor allem für größere Aquarien kommen noch zwei Lampentypen in Frage: **Hochdrucklampen**, die entweder mit Quecksilberdampf (HQL) oder Halogen-Metalldampf (HQI) betrieben werden. Man darf dabei die HQI-Lampen nicht mit den in Mode gekommenen Halogenlampen verwechseln, die mit Niederspannung arbeiten. Diese eignen sich, wenn überhaupt, nur für die punktförmige Aufhellung kleinerer Stellen.

HQL- und HQI-Lampen sind in Anschaffung und Betrieb teuer, wie bei den Leuchtstoffröhren verbrauchen auch hier die Vorschaltgeräte zusätzlich Strom. Die Wattzahl der Lampen – bei HQL- und HQI-Leuchten bezeichnet man sie als Brenner – gibt also nicht den ganzen Energiebedarf an.

Die Beleuchtungsdauer

Obwohl die in unseren Aquarien gepflegten Fische meistens nicht direkt am Äquator leben, wo Tag und Nacht stets gleichlang sind, ist eine tägliche Beleuchtungsdauer von zehn bis zwölf Stunden für die Fische und die meisten Pflanzen völlig ausreichend. Am besten steuert man die Lampen über eine Zeitschaltuhr. Zum einen nimmt es einem die Arbeit des An- und Ausschaltens ab, zum anderen gewöhnen sich Fische und Pflanzen an einen mehr oder weniger gleichmäßigen Tag- und Nachtrhythmus.

Den mittlerweile öfter zu hörenden Empfehlungen, die Beleuchtung tagsüber einige Stunden auszuschalten und so den Algen keine Möglichkeit zur Entwicklung zu lassen, sollte man nicht schematisch folgen, sondern eigenen Erfahrungen, die man allerdings erst gewinnen muss, vertrauen. Vielleicht empfiehlt sich zu Anfang ein dreistündiges Abschalten der Lampen zwischen zwei fünfstündigen Beleuchtungsphasen.

CO_2-Anlagen

Kohlenstoff ist der wichtigste Pflanzennährstoff überhaupt. Er kann von Pflanzen jedoch nur in Form von **Kohlendioxid (CO_2)** aufgenommen werden. Im Aquarium ist Kohlendioxid jedoch oft Mangelware, weshalb es, legt man auf einen prächtigen Wuchs auch anspruchsvollerer Gewächse wert, nötig sein kann, es dem Wasser zusätzlich zuzuführen.

Für kleine und kleinere Aquarien sind dafür Anlagen auf dem Markt. Hier wird das CO_2 entweder aus einem Behälter, der einer Spraydose ähnelt, in ein Kunststoffrohr im Aquarium geleitet, aus dem es durch eine Membran ins Wasser übertritt, oder durch Gärung aus einem Hefe-Zucker-Gemisch gewonnen und ins Aquarium geleitet. Eine weitere Möglichkeit stellt der »Carbonator« dar, in dem auf chemischem Wege CO_2 erzeugt wird.

Für gehobene Ansprüche und vor allem größere Aquarien nutzt man Gasflaschen verschiedener Größe als CO_2-Vorratsbehälter. Aus ihnen wird das Gas in einen im Aquarium befindlichen Behälter – oft als CO_2-Reaktor bezeichnet – geleitet, wo es durch vorbeiströmendes Wasser intensiver und schneller aufgenommen wird.

Was man sonst noch braucht, und was man nicht braucht

Was man unbedingt braucht.

Thermometer: Die gängigen Glasthermometer aus dem Fachhandel sind exakt genug, um die Wassertemperatur auf ein Grad genau festzustellen. Das ist eigentlich ausreichend; man kann solche Thermometer allerdings auch mit einem genau geeichten abgleichen und kennt dann die Abweichung, die man hinzuzählen oder abziehen muss. Selbst die Folienthermometer, die man von außen an die Aquarienscheibe klebt, vermitteln einen einigermaßen zuverlässigen Eindruck.

Gleichgültig, welches Modell man auch wählt – man sollte es nicht so anbringen, dass es den Blick ins Aquarium unnötig stört. Andererseits muss man es aber auch ablesen können, ohne sich den Hals zu verrenken, sonst fällt die Temperaturkontrolle bald der Bequemlichkeit zum Opfer.

Fangnetz: Man braucht es nicht dauernd, aber irgendwann unbedingt. Sei es, um einen kranken Fisch ins Behandlungsbecken umzusetzen, ein verfolgtes Weibchen vor dem aufdringlichen Männchen in Sicherheit zu bringen oder überzählige Jungfische herauszufangen. Der Kescher darf nicht zu klein sein, dann hat man bei gewandten Fischen keine Chance, sollte aber auch nicht so groß sein, dass man dauernd an Pflanzen oder Wurzeln hängenbleibt. Gut ist es, wenn man zwei Netze besitzt: Mit dem einen kann man den Fisch in das ruhig gehaltene andere treiben; bei größeren Aquarien muss man den Kescher nicht dauernd über die Mittelstrebe heben, wobei man den Fisch aus den Augen verliert.

Eimer und Schlauch: Diese beiden Dinge gehören ins Wappen der Aquaristik. Den oder besser mehrere Eimer benötigt man nicht nur zum Wasserwechsel, sondern auch, um Pflanzen zu sortieren, Fische – vor allem größere – zu transportieren und zu einigen anderen nur der Aquaristik vorbehaltenen Tätigkeiten.

Natürlich kommen nur Kunststoffeimer in Frage, denn Metall kann giftig wirken, und für mindestens einen Eimer sollte es einen passenden Deckel geben. Eimer wie alle anderen Dinge, die mit dem Aquarienwasser in Berührung kommen, dürfen nie mit Putz- oder Reinigungsmitteln in Kontakt gekommen sein. Es bleiben immer Spuren zurück, die Katastrophen auslösen können.

Auch vom Schlauch besitzt man am besten zwei Ausführungen: ein kürzeres Stück, um Wasser aus einem Eimer ins Aquarium laufen zu lassen (oder umgekehrt) und eines, das vom Aquarium bis ins Badezimmer reicht. Damit kann man den Wasserwechsel entspannt vom Sessel aus verfolgen und muss nicht Eimer auf Eimer schleppen. Passende Anschlussstücke für jedes Wasserhahnformat gibt es im Baumarkt.

Zumindest der kürzere Schlauch, mit dem man vor allem Mulm absaugt, sollte transparent sein, denn so lassen sich Steinchen oder Sand, die hineingeraten sind und den Wasserfluss unerfreulich mindern, orten und auch wieder entfernen.

Was man vielleicht braucht.

Ein Werkzeug zum Scheibenputzen: Im Handel gibt es Geräte dafür. In die einen setzt man eine Rasierklinge ein, schabt damit die Algen von den Scheiben und zerkratzt sie dabei. Die anderen bestehen aus zwei zusammengehörigen Magneten, der eine mit Filz, der andere mit einem topfkratzerähnlichem Material bezogen. Sie sind kaum teurer als die Klingenreiniger, zerkratzen die Scheiben aber ebenso zuverlässig, denn irgendwann gerät ein Sandkorn zwischen Magnet und Scheibe.

Filterwatte ist dagegen ein sehr schonender, zuverlässiger und dabei preiswerter Scheibenreiniger.

Das simpelste und zugleich beste Mittel stellen die kleinen Schwämme dar, die man normalerweise zum Geschirrspülen benutzt. Meist reicht die Schaumgummiseite, aber selbst hartnäckige Algen lassen sich zuverlässig mit der anderen Oberfläche entfernen. Aber auch hier muss man darauf achten, dass vorher niemals Spülmittel mit dem Schwamm in Berührung gekommen sein darf.

Mulmglocke: Das ist im Prinzip ein Trichter, den man auf das Ende des Schlauches steckt, das sich im Aquarium befindet. Aufgrund des größeren Querschnitts ist die Strömung schwächer, und der schwerere Bodengrund bleibt liegen, während der leichtere Mulm und die abgestorbenen Pflanzenteile in den Schlauch gesogen werden. Man kann jedoch auch gleich einen normalen Trichter verwenden; außerdem gelingt es nach kurzer Übung, den Schlauch in genügend großer Entfernung über den Boden zu halten, so dass auch so kein Sand mitgerissen wird.

Futterautomat: Ein Gerät, das mittels einer eingebauten Zeitschaltuhr regelmäßig eine einstellbare Menge Flocken- oder Granulatfutter ins Aquarium rieseln lässt. Als Hilfsmittel, um längere Abwesenheit zu überbrücken, lässt es sich vielleicht noch rechtfertigen, für den alltäglichen Einsatz ist es absolut nicht zu empfehlen, denn gerade bei der Fütterung lassen sich die Fische am besten auf Gesundheit und Vollzähligkeit überprüfen. Außerdem leistet so ein Automat der Faulheit insoweit Vorschub, als der Aquarianer keine Futtermittel einsetzen kann, die dieses Gerät nicht bewältigt, also etwa Frost- oder Lebendfutter.

Was man überhaupt nicht braucht,

sind Plastikpflanzen und Schatztruhen, Skelette und Schiffswracks. Sie sind den Fischen zwar herzlich egal, lassen aber unangenehme Rückschlüsse auf den Geschmack des Besitzers zu. Es wurde schon vorgeschlagen, dann auch konsequenterweise Plastikfische einzusetzen.

Unterbau und Aufstellung

Unterbau

Wasser ist schwer. Ein Liter wiegt exakt ein Kilogramm. Das bedeutet, dass ein Aquarium mit den Maßen 80 x 35 x 40 Zentimeter (nach der Formel Länge x Breite x Höhe in Zentimetern geteilt durch 1000 = Inhalt in Litern) 112 Liter und damit eben auch 112 Kilogramm Wasser faßt. Das Gesamtgewicht eines eingerichteten und gefüllten Beckens liegt aber um einiges höher. Der Behälter selbst, die technischen Geräte sowie Einrichtungs- und Dekorationsmaterial (Bodengrund, Steine, Wurzeln) erhöhen das Gewicht, so dass unser 80-Zentimeter-Aquarium insgesamt ungefähr 150 Kilogramm oder drei Zentner wiegen wird.

Ein Aquarium braucht also einen stabilen Unterbau und darf nicht auf ein wackliges Regalbrettchen gestellt werden. Für Behälter mit Standardmaßen gibt es stabile Unterschränke im Handel. Oft werden auch Kombinationen angeboten, bei denen derartige Möbelstücke in unterschiedlicher Ausführung bereits enthalten sind. Natürlich kostet das Geld, und so kam man auf die Idee, preiswertere Bausätze anzubieten, die ohne große Vorkenntnisse zusammengebaut werden können. Man kann auch eine Schreinerei beauftragen oder selbst zupacken, aber oft reichen gerade für kleinere Aquarien bereits vorhandene stabile Möbel aus. Kommoden, solide Regale oder Tische sollten ein Aquarium ohne Probleme verkraften.

Anders sieht es bei größeren Behältern aus, die möglicherweise auch noch Maße aufweisen, die nicht zum Lieferprogramm der Hersteller gehören. Ein Aquarium mit den Abmessungen 150 x 50 x 50 Zentimeter bringt insgesamt wohl 500 Kilogramm, also eine halbe Tonne, auf die Waage, und dafür muss schon ein stabiles Fundament gefunden werden. Aber auch hier gibt es entweder vorgefertigte Unterschränke, oder man muss selbst zum Handwerker werden.

Größere Aquarien lassen sich gut auf selbstgebauten Schränken aus Spanplatten, Multiplex (wasserfest verleimtes Sperrholz) oder Naturholz aufstellen. Gasbeton-Steine (Ytong oder ähnliche) kann man zu Sockeln übereinanderstapeln und mit einer Spanplatte als oberem Abschluss versehen; Schwerlastregale können so verkleidet werden, dass sie ein Schmuckstück jedes Wohnzimmers werden, und als Non-plus-ultra ist ein gemauerter Sockel wohl das Solideste, was man sich vorstellen kann.

Wichtig bei allen Ausführungen ist eine gerade und glatte Oberfläche, denn ein Aquarium wirkt wie eine Wasserwage und zeigt einen schiefen Wasserstand, wenn es selbst nicht absolut waagerecht steht, unbarmherzig an. Eine unebene Aufstellung kann zur Folge haben, dass die Bodenscheibe unter Spannung gerät und reißt. Was dann passiert, muss nicht geschildert werden.

Aufstellung

Früher war man von der Sonne abhängig und stellte die Aquarien in der Nähe von Fenstern auf. Heute würde der unkontrollierte und in unseren Breiten oft unberechenbare Sonnenschein ein Aquarium mit tropischen oder subtropischen Fischen und Pflanzen eher beeinträchtigen. Mit modernen Lampensystemen und Zeitschaltuhren sind wir in der Lage, Lichtmenge und Beleuchtungsdauer genau zu dosieren und zu portionieren und so den Bedürfnissen der Tiere

Die drei Hauptforderungen, die von dem wie auch immer gearteten Unterbau erfüllt werden müssen:

- Er muss für das vorgesehene Gewicht stabil genug sein.
- Er muss eine absolut waagerechte Oberfläche haben.
- Er darf durch Kontakt mit Wasser weder in seiner Funktion noch in seinem Aussehen beeinträchtigt werden.

und Pflanzen im Aquarium am besten zu entsprechen. Stellt man ein Aquarium so auf, dass zusätzlich zur installierten Beleuchtung noch Sonnenlicht hineinfällt, werden die Pflanzen, die ja meist auch aus den Tropen stammen, sich den unterschiedlichen Tageslängen anpassen. Vor allem aber werden sich die Algen zu bestimmten Jahreszeiten ganz prächtig entwickeln.

Als Aufstellungsort wählt man also am besten eine Stelle in der Wohnung, die nicht von der Sonne erreicht wird. lässt sich das Aquarium nicht so platzieren, sollte wenigstens für entsprechenden Schatten gesorgt werden. Man kann zum Beispiel die dem Licht zugewandte Seite des Beckens mit Folie oder farbigem Karton abdunkeln. Da Fische auf plötzliche und heftige Bewegungen vor dem Aquarium schreckhaft reagieren können, sollte man das Aquarium auch besser nicht dort aufstellen, wo man häufig vorbeigeht oder oft hantieren muss. An Bewegungen im Zimmer gewöhnen sich die Fische zwar, überraschend auftauchende Schatten nehmen sie jedoch als Bedrohung wahr.

Die Art des Fußbodens spielt bei der Auswahl des Aufstellungsortes erst bei größeren Aquarien – vielleicht ab 100 Litern Inhalt aufwärts – eine Rolle. Dabei besteht eigentlich kaum die Gefahr, dass die Decke das Aquarium nicht tragen kann; vielmehr kann ein Holzboden bei starker Belastung nachgeben, sodass das leere Aquarium zwar im Lot gestanden hat, sich jedoch ein wenig neigt, nachdem es eingerichtet und gefüllt worden ist. Das sieht ausgesprochen unschön aus.

Um derartiges zu vermeiden, stellt man das Aquarium so auf, dass das Gewicht des Beckens durch die Deckenbalken abgefangen wird. Am besten füllt man das ansonsten leere Aquarium an seinem endgültigen Standort einmal bis zur Oberkante mit Wasser. Wenn man am Wasserspiegel erkennt, dass eine Schieflage eingetreten ist, muss entweder der Aufstellungsort gewechselt oder durch Unterlagen die absolut waagerechte Position hergestellt werden.

Es ist auch darauf zu achten, dass keine Erschütterungen übertragen werden, was besonders bei Parkett- und Dielenböden gut möglich ist. Denn auch dadurch geraten Fische leicht in Panik.

Kleine Unregelmäßigkeiten des Unterbaus und die gefürchteten Sandkörnchen können einen Aquarienboden zum Platzen bringen. Um das zu verhindern und das Becken gleichzeitig gegen Wärmeverlust nach unten zu isolieren, legt man eine den Grundmaßen des Aquariums genau entsprechende Styroporplatte unter. Im Handel gibt es für diesen Zweck auch spezielle Unterlagen aus einem nachgiebigen Material.

Einrichtung

Die Rückwand

Der Blick durchs Aquarium auf eine weiße Rauhfaserwand oder eine gemusterte Tapete wirkt nicht sehr reizvoll. Außerdem scheinen sich die Fische sicherer zu fühlen, wenn ein dunkler hinterer Abschluss Rückendeckung verspricht.

Es gibt zahlreiche Rezepte zur Gestaltung einer Aquarienrückwand. Die Möglichkeiten reichen von einer schwarzen Pappe hinter der Rückscheibe bis zum selbstgebastelten Uferrelief im Aquarium. Hier sollen nur die nicht ganz so arbeitsaufwändigen und auch nicht ganz so kostspieligen Varianten angesprochen werden.

Gern verkauft der Zoohandel buntbedruckte Folien, auf denen verschiedene Aquarieneinrichtungen zu sehen sind und die man hinter dem Aquarium befestigt. Abgesehen davon, dass gedruckte Pflanzen nun einmal echte nicht ersetzen können, wirkt die Aufdringlichkeit solcher Fototapeten schnell langweilig.

Besser ist es da schon, die Rückwand einfach schwarz zu gestalten. Schwarz ist eine neutrale Farbe, die zurücktritt und dem Aquarium optisch eine größere Tiefe verleiht, was bei den eher schmalen Standardformaten ja durchaus wünschenswert ist. Man kann eine schwarze Pappe oder Tonpapier hinter die Rückscheibe kleben, man kann die Rückscheibe mit Dispersionsfarbe (Acryllack geht ebenfalls) anstreichen oder eine selbstklebende Folie, aber ohne dass es Blasen gibt, anbringen. Eine schwarz gestrichene Styroporplatte hinter dem Aquarium isoliert gleichzeitig und spart Heizkosten. Andere Farben als Schwarz wirken meist unruhig.

Auch von innen ist die Rückwandgestaltung sogar bei kleineren Aquarien möglich, ohne allzu viel kostbaren Raum zu verlieren. Das geht zum Beispiel mit Polyurethan-Platten, die die Struktur von Baumrinde nachahmen. Sie lassen sich mit einem geeigneten Messer ins passende Format bringen und mit ein paar Tropfen Silikonkleber im Aquarium befestigen. Allerdings muss man die Klebung gut aushärten lassen und vor dem Einrichten das Aquarium ausspülen.

Innenrückwände aus Styropor lassen sich schön und billig selbst anfertigen, indem man eine Platte des Materials mit einem (heißen) Werkzeug strukturiert und anschließend mit Dispersionsfarbe bemalt. Sie haben aber einige Nachteile. Da ist zum einen der unglaubliche Auftrieb des Materials, der sich gerade dann bemerkbar macht, wenn man einen Fisch herausfangen will und die Rückwand zu heftig in seine Bemühungen miteinbezogen hat.

Zum anderen ist Styropor nicht sehr stabil. Preßt man es, um den Auftrieb zu bändigen, zu fest zwischen die Glasscheiben, bricht es leicht. Auch gibt es viele Fische, die sich durch das Abraspeln von Aufwuchs von festen Unterlagen ernähren. Das hält Styropor aber nicht aus, und bald hat man die Rückwand nach und nach in kleinen weißen Kügelchen an der Oberfläche treiben. Abhilfe schafft hier die Einarbeitung von Sand in die Farbschicht, was eine härtere Oberfläche ergibt. Außerdem muss die Stärke des Materials schon recht hoch sein, um eine abwechslungsreiche Gestaltung erreichen zu können. Styropor kommt also nur für tiefere Behälter in Frage, in denen die Rückwand nicht gleich einen erheblichen Teil der Grundfläche beansprucht.

Im Fachhandel erhält man Sand und Kies in verschiedenen Korngrößen. Für die meisten Aquarien sind mittlere Größen von etwa drei Millimeter Durchmesser am besten geeignet.

Der Bodengrund

Die Vielgestaltigkeit tropischer Gewässer lässt sich im Aquarium kaum nachahmen. Felsformationen, Geröllstrecken und Sandflächen können als Vorbild dienen; überschwemmter Wald und Schlammlöcher eignen sich als zu imitierender Biotop zumindest für den Anfänger weniger.

Der Untergrund ist für viele Fische auch gar nicht einmal von großer Bedeutung; sie kämen auch mit dem nackten Aquarienglas als Boden zurecht. In ausschließlich zur Zucht von kleinen Salmlern und ähnlichen Fischen eingerichteten Becken verzichtet man aus Gründen der Hygiene und Übersichtlichkeit auf Sand oder Kies; allerdings kann grober Kies die Eier auch vor dem Gefressenwerden durch die Eltern schützen.

Handelt es sich um bodenorientierte Fische, die wie viele Welse, Schmerlen oder Barben ihre Nahrung im Boden suchen, ständig auf dem Grund liegen oder sich sogar darin eingraben, muss man diesen Bedürfnissen Rechnung tragen.

Besonders wichtig ist der Bodengrund natürlich für die Pflanzen im Aquarium. Sie sind mit ihren Wurzeln darin verankert und beziehen zumindest zum Teil ihre Nährstoffe aus dem Boden.

Und schließlich ist ein »Gewässergrund« auch für den Betrachter wichtig. Wo bliebe die Illusion eines Baches oder Sees, wenn man auf eine kahle Glasscheibe blickt?

Um den Pflanzen Gutes zu tun, vermischte man den Aquariengrund früher mit Ton, Lehm, Torf oder sogar gedüngter Gartenerde. Trübes Wasser ist noch die glimpflichste Folge solcher Wohltaten; man kann sich aber auch einen prächtigen Blaualgenwuchs und vergiftete Fische damit einhandeln. Es sei also dringend davor gewarnt, irgendwelche Zusätze zu verwenden, die nicht eigens für die Aquaristik entwickelt worden sind. Heute sind verschiedene Präparate auf dem Markt, die Pflanzennährstoffe in geeigneter Zusammensetzung enthalten und dem Bodengrund beigemischt werden. Über die Vielfalt und Anwendung muss man sich vom Händler informieren lassen.

Aber wie muss denn nun ein geeigneter Bodengrund beschaffen sein? Um auszuschließen, dass man ungeeignetes Material, eventuell sogar mit unerwünschten Beimengungen, bekommt, kauft man am besten im Zoofachhandel den in verschiedenen Gebindegrößen erhältlichen Quarzkies mit einer Körnung von ein bis drei Millimetern. Diese Korngröße lässt eine Durchströmung zu; Sand ist zu fein. Besonders in dickeren Sandschichten kommt es zur Bildung von Faulstellen, und aufgrund der fehlenden Wasserzirkulation im Boden können sich die Wurzeln der Pflanzen nicht ungestört entwickeln.

Gröberer **Kies** wird zu stark durchströmt, außerdem fällt der immer anfallende Mulm zwischen den Steinchen hindurch und lässt sich nur noch schwer absaugen. Welche Ausmaße diese »Müllhalde« angenommen hat, merkt man spätestens beim Arbeiten an Pflanzen, wenn dunkle Wolken wie bei einem Vulkanausbruch aus dem Boden steigen.

Ein beliebtes Experimentierfeld ist die Farbe des Untergrundes. Möglichst dunkel soll er sein, damit die Farben der Fische intensiver leuchten. Auch sollen sich die Fische sicherer fühlen. Nun hat der empfohlene Quarzsand schon eine dunklere Farbe als der in den Tropen oft vorhandene fast weiße feine Sand. Da das vielen Aquarianern aber immer noch zu hell war, wurden Torf, dunkler Kies oder sogar Basaltsplit als oberste Bodenschicht verwendet. Torf verändert den Chemismus des Wassers, er säuert es an und enthärtet es auch in geringem Maße. Diese Wirkungen können durchaus erwünscht sein, aus bloßen Dekorationsgründen sollte man ihn aber deshalb besser nicht einsetzen. Außerdem färbt Torf das Wasser bräunlich, was den Pflanzen viel Licht nimmt. An scharfem Basaltsplit oder Lavakies verletzen sich gründelnde Fische die Barteln. Auch sieht die fast schwarze Farbe zusammen mit der kantigen Struktur sehr unnatürlich aus.

Ein abwechslungsreich eingerichtetes Aquarium, in dem dunkle Steine und rotbraune Wurzeln einen Kontrast zum helleren Kies bilden, in dem schattige Bereiche auch unter größeren Pflanzen mit hell beschienenen Zonen im Vordergrund abwechseln, bietet den meisten von uns gepflegten Aquarienfischen eine annehmbare Umgebung und stellt auch den Betrachter zufrieden.

Um einen nicht so einförmigen Boden zu bekommen, kann man allerdings eine gewisse Menge größerer Kiesel und kleinerer Steine unter den Quarzkies mischen. Das belebt ungemein.

Der Bodengrund darf das Wasser nicht trüben. Deshalb muss man ihn gründlich auswaschen, bevor man ihn ins Aquarium schichtet. Dazu füllt man eine Portion bis maximal zur Viertelhöhe in einen sauberen Eimer, lässt Wasser hinzulaufen und rührt kräftig mit der Hand um. Die trübe Brühe gießt man in die Toilette ab; andere Abflüsse können durch den Sand, der in kleinen Mengen immer mit abgeschwemmt wird, leicht verstopfen.

Diese Prozedur muss so lange wiederholt werden, bis das hinzugelaufene Wasser auch nach kräftigem Rühren im Kies so klar wie in einem Bergbach bleibt. Erst dann darf man den Boden ins Aquarium packen. Es ist zwar eine der unbeliebteren Arbeiten innerhalb des Hobbys, aber da muss man durch. Ist man hier nachlässig, ärgert man sich hinterher wochenlang über den feinen Nebel im Wohnzimmeraquarium.

Steine

Felsen und Steine scheinen Aquarianer immer dazu zu verleiten, über die Stränge zu schlagen. Einmal abgesehen davon, dass es sehr viele Gewässerbereiche gibt, in denen kaum ein Kiesel liegt, hat ein ausgedehntes Felsmassiv im Aquarium auch praktische Nachteile. Zum einen wiegt es sehr viel und belastet damit den Aquarienboden; vorsichtigere Gemüter sollten deshalb auf die Stelle der Bodenscheibe, wo sich später die Felsen türmen sollen, eine Styroporplatte passender Größe legen.

Kunstvolle **Steinaufbauten** erschweren aber auch das Arbeiten im Aquarium. Es treibt einen zur Verzweiflung, wenn ein Fisch, den man unbedingt herausfangen muss, immer wieder in die aus 27 Stücken kunstvoll zusammengepuzzelte Höhle flieht.

Und wehe, man verliert die Geduld: Die Steine geraten ins Rutschen und die Frontscheibe überlebt den Aufprall nicht. Also besser weniger Steine in übersichtlicher und solider Anordnung. Und wenn man wirklich nicht ohne extravagante Grotten leben kann, sollte man sie vorher auf dem Trockenen mit Silikonkleber fest verbinden.

Es sind auch nicht alle Gesteinsarten zur Verwendung im Aquarium geeignet. Kalksteine, Marmor und auch manche Sandsteine enthalten Kalk und härten das Wasser auf. Das lässt sich schnell überprüfen: Tropft man Salzsäure darauf und es beginnt zu schäumen und zu knistern, wird der Stein auch im Wasser Kalk abgeben. Da man Salzsäure nicht immer im Haus hat, tut es auch der Entkalker für die Kaffeemaschine oder sogar Essigessenz.

Einschlüsse oder glänzende Adern können Verbindungen enthalten, die für Fische giftig sind. Je abenteuerlicher und bunter ein Stein ist, mit desto größerem Misstrauen sollte man ihn betrachten. Problemlos sind Ur- und Eruptivgesteine wie Granit und Basalt, aber auch Schiefer lässt sich immer einsetzen. Dabei spielt es nur für den Geschmack des Aquarianers eine Rolle, ob die Steine kantig und unregelmäßig aus dem Steinbruch kommen oder als gerundete, abgeschliffene Kiesel aus einem Gewässer stammen.

Um gerade mit Gestein eine gefällige Dekoration zu erreichen, orientiert man sich am besten an natürlichen Vorbildern. Wenn man einen Bach oder ein Flussufer betrachtet, wird man feststellen, dass es in einem bestimmten Bereich fast immer nur eine Gesteinsart in meist nur einer Form gibt. Das sieht auch im Aquarium am natürlichsten aus. Also nicht im Vordergrund rundgeschliffene helle Kiesel und dazwischen Schieferplatten, die an der Rückwand womöglich auch noch senkrecht stehen, sondern entweder waagerecht aufeinandergeschichtete Platten oder wie zufällig eingestreute kleinere und größere Kiesel im Sandboden.

Holz

An Ufern ragen oft Baumwurzeln ins Wasser; manchmal sind sie teilweise unterspült. Ihre abenteuerliche Form und die dunkle rotbraune Farbe sind auch im Aquarium optisch reizvoll, und sie bieten hervorragende Versteckmöglichkeiten für Fische.

Bitte nicht einfach in den Garten gehen, die Wurzeln vom eben gefällten Apfelbaum ausgraben und ins Aquarium wuchten! Die vielen Inhaltsstoffe des frischen Holzes würden das Wasser belasten und zu unerwünschten Folgen führen. Holz fürs Aquarium muss schon lange tot sein. Am besten geeignet sind **Wurzelstücke**, die aus einem Moor stammen, wo sie vom Wasser ausgelaugt worden sind. Derartige Wurzeln werden als Moorkienholz bezeichnet. Es gibt in Deutschland noch einige zum Torfabbau

Fächergarnelen lassen sich gern auf einer Wurzel nieder und filtrieren ihre Nahrung aus der Strömung.

genutzte Moore. Das Holz, das die Bagger dort zutage fördern, wird aussortiert und später meist verbrannt.

Diese Wurzeln sind ausgesprochen gut für das Aquarium geeignet, und zudem bekommt man sie oft umsonst. Selbstverständlich sind auch die Hölzer, die der Fachhandel anbietet, unbedenklich, aber zum einen kosten sie manchmal eine erstaunliche Menge Geld, und zum anderen werden verschiedene tropische Hölzer etwa als »Savannenholz« oder »Mangrovenwurzel« angeboten, die unter außerordentlich umweltzerstörerischen Bedingungen gerodet werden. Es handelt sich dabei oft auch nicht um totes Holz, sondern um Teile lebender Pflanzen.

Moorkienwurzeln trocknen an der Luft schnell aus und sind dann leichter als Wasser. Sie können also nicht einfach ins leere Aquarium gestellt werden, denn sie würden mit ihrem starken Auftrieb sogar die Abdeckung anheben. Kleinere Wurzelstücke kann man mit Steinen beschweren oder festklemmen. Bei größeren empfiehlt sich das nicht, weil das Holz aufquillt und möglicherweise die Scheiben sprengt oder sich losreißt und dann die Deckscheibe oder gar die Beleuchtung zum Absturz bringt. Am besten bewahrt man Moorkienholz im Wasser auf, bis man es zur Einrichtung benötigt. Je nach Art und Größe des Holzstücks dauert es zwischen einigen Tagen und mehreren Wochen, bis es sich so vollgesogen hat, dass es schwerer als Wasser ist und dort bleibt, wo wir es hinstellen.

Moorkienwurzeln färben wie Torf das Wasser ein und geben Stoffe ab, die den pH-Wert senken, das Aquarienwasser also saurer machen. Wie sehr sich das bemerkbar macht, hängt ebenfalls stark von der Art und Größe der verwendeten Wurzel, aber auch von der Härte des Wassers sowie vom Verhältnis der Wassermenge zum Holz ein. So wird ein kleines Wurzelstückchen in einem 200-Liter-Becken nicht viel verändern; ein untergegangener Baum wird das Wasser im selben Aquarium tiefbraun färben und den pH-Wert in einen möglicherweise gefährlichen Bereich absinken lassen.

Man kann diese Auswirkungen durch Filterung über Aktivkohle und den sowieso unumgänglichen regelmäßigen Wasserwechsel ein wenig mildern, und nach einiger Zeit ist das Holz dann auch so ausgelaugt, dass es kaum noch eine Wirkung auf das Wasser hat. Fische, wie etwa Buntbarsche aus dem Malawisee, die saures Wasser nicht vertragen, sollten aber keinesfalls mit Moorkienholz beglückt werden.

Korkrinde und **Bambus** lassen sich ebenfalls zur Dekoration einsetzen. Mit Korkeichenstücken lässt sich zum Beispiel im Aquarium eine Rückwand gestalten, wenn man die Rinde in passende Stücke schneidet und zwischen Bodenscheibe und oberem Glassteg einklemmt. Der Nachteil liegt darin, dass es aufgrund der Unregelmäßigkeit des Materials nicht möglich ist, eine geschlossene Fläche zu erreichen. Besonders kleineren Fischen wird es immer möglich sein, sich dahinter zu verstecken. Will man sie einmal herausfangen, muss man manchmal erst die gesamte Konstruktion entfernen.

Bambus oder ähnliche Rohrarten müssen ebenfalls am Schwimmen gehindert werden. Für Rückwände kommt Bambus kaum in Frage, weil die nebeneinanderstehenden geraden Stücke kein besonders hübsches Bild bieten. Vielmehr wird man versuchen, den Eindruck eines kleinen Röhrichtbestandes zustande zu bringen, indem man die Bambusstäbe unregelmäßig neben- und hintereinander im Bodengrund verankert. Um sie wirklich in ihrer geplanten Lage festzuhalten, genügt es nicht, sie einfach in den Bodengrund zu stecken, denn selbst kleinere Fische lockern sie durch ihre Bewegungen, und bald schwimmt der schöne Bambuswald an der Oberfläche.

Besser ist es, die Stäbe von unten mit rostfreien Schrauben in einer Plexiglasplatte oder etwas ähnlichem zu fixieren, die dann mit Steinen beschwert oder festgeklebt wird. Allerdings sollte man dabei nicht für die Ewigkeit planen, denn Bambus verrottet und muss entfernt beziehungsweise gegen frisches Material ausgetauscht werden. Bei größeren Aquarien lässt sich der Mittelsteg elegant ausnutzen, indem man die auf passende Länge geschnittenen Stäbe zwischen Steg und Bodenscheibe einklemmt. Um einen zu symmetrischen Eindruck zu vermeiden, sollte man aber besser nicht die exakte Mitte des Aquariums betonen, sondern ein wenig zur Seite ausweichen.

Korkrinde und Bambus färben das Wasser nicht so stark wie Moorkienholz, beeinflussen aber auch den pH-Wert. Diesen Effekt muss man von Anfang an berücksichtigen und gegebenenfalls durch häufigeren Wasserwechsel dämpfen.

Das Wasser

In der Schule haben wir es alle gelernt: Wasser besteht aus zwei Wasserstoff- und einem Sauerstoffatom und schreibt sich als chemische Formel H_2O. In der Natur kommt es allerdings so gut wie nie als reines Wasser vor. Irgend etwas ist immer noch darin, was seinen Charakter bestimmt, denn Wasser kann sauer, neutral oder basisch sein, hart oder weich, belastet oder unbelastet. Obendrein sind Gase im Wasser gelöst, von denen Sauerstoff für die Fische lebenswichtig ist. Pflanzen benötigen Sauerstoff und Kohlendioxid. Das sind nur wenige Beispiele; sie stellen aber für die Aquaristik die wichtigsten Eigenschaften des Wassers dar, die im folgenden ein bisschen genauer erklärt werden sollen.

Pflanzen sind sowohl Sauerstoffproduzenten als auch -konsumenten.

Gase im Wasser

Fische sind mit Ausnahme weniger Arten, deren Angehörige auch **Luftsauerstoff** veratmen können, auf eine ausreichende Menge im Wasser gelösten Sauerstoffes (O_2) angewiesen. Obwohl es gar nicht so einfach ist, den Sauerstoff aus dem Wasser herauszukriegen – Chemiker wissen das –, wird er in der Aquaristik oft als Mangelware bezeichnet. Das beruht jedoch eigentlich auf einem Missverständnis, denn meistens ist nicht zu wenig Sauerstoff vorhanden, sondern zu viel **Kohlendioxid** (CO_2), das die Fische wie alle Tiere ausatmen.

Solche Verhältnisse entstehen vor allem, wenn zu viele Fische in zu kleinen Aquarien gepflegt werden und die Technik (Filter und/oder Durchlüftung) nicht richtig dimensioniert ist. Die Pflanzen spielen dabei auch eine Rolle, denn während sie bei Licht Kohlendioxid aufnehmen und mehr Sauerstoff produzieren als sie verbrauchen, kehrt sich in der Dunkelheit der Prozeß um: Sie verbrauchen Sauerstoff und geben Kohlendioxid ab.

Aufgabe des Aquarianers ist es also, durch eine passende Filterung beziehungsweise Durchlüftung und eine richtig ausgewählte und aufeinander abgestimmte Fischgesellschaft sicherzustellen, dass alle Insassen des Aquariums immer ihren Bedürfnissen entsprechend leben können. Es geht also nicht, sauerstoffbedürftige Welse aus den kühleren Flüssen der Andenhänge Ekuadors mit wärmeliebenden und luftatmenden Labyrinthfischen aus südostasiatischen Tieflandtümpeln zu vergesellschaften. Mindestens eine von beiden Arten muss dabei zwangsläufig leiden.

Unbepflanzte Aquarien mit starkem Fischbesatz sind nichts Erstrebenswertes, und trotzdem lassen sie sich nicht immer vermeiden, etwa wenn man eine größere Anzahl von Jungfischen aufziehen möchte. In diesem Fall ist es am besten, eine angemessene Durchlüftung mittels einer Membranpumpe und einem Ausströmer zu installieren und sehr oft – je nach Besatzdichte sogar täglich – einen Großteil des Aquarienwassers gegen Frischwasser auszutauschen, um die angefallenen Stoffwechselprodukte der Jungfische, die außerdem gegenüber einer höheren Nitratbelastung empfindlicher reagieren als ausgewachsene Tiere, zu entfernen.

Der Normalfall, als den wir hier ein sparsam mit Fischen besetztes und gut bepflanztes Aquarium betrachten, kommt mit einem der Größe des Beckens angemessenen Filter aus, dessen Wasserausfluss ins Aquarium so eingestellt ist, dass die Bewegung der Wasseroberfläche ausreicht,den Gasaustausch zwischen Luft und Wasser ungehindert vonstatten gehen zulassen. So wird es nicht zur Übersättigung mit CO_2 kommen.

Um mit einem weit verbreiteten Missverständnis aufzuräumen: Die durch Durchlüftung oder Filtereinlauf geschaffene Wasseroberflächenbewegung bringt weder einseitig Sauerstoff ins Wasser ein noch treibt sie ausschließlich Kohlendioxid aus – sie stellt lediglich einen Gleichgewichtszustand zwischen Luft und Wasser her. Deshalb ist durch Belüftung weder eine Sauerstoffübersättigung noch der vollständige CO_2-Verlust zu befürchten.

Selbst in Aquarien, in denen aufgrund eines sehr niedrigen pH-Wertes und/oder einer hohen Temperatur keine Pflanzen wachsen können, reicht der Filterauslauf im allgemeinen aus, um einen ausreichenden Gasaustausch zu gewährleisten. Einen Motoraußenfilter kann man übrigens preiswert mit einem so genannten **Diffusor** ausstatten, der nach dem Prinzip der Wasserstrahlpumpe funktioniert und Luft durch die Kraft des durchfließenden Wassers ins Aquarium reißt. Womit man eine preiswerte Alternative zu einer zusätzlichen Luftpumpe hätte.

Ein Gas, das von den Wasserwerken in manchen Gegenden noch ab und an dem Trinkwasser zur Entkeimung zugesetzt wird, ist das überaus giftige **Chlor**. Man erkennt das Vorhandensein von Chlor sofort am typischen Geruch. Derartiges Wasser muss unbedingt entchlort werden, bevor es ins Aquarium zu den Fischen gelangen darf. Das geschieht aber ganz problemlos. Einmal gibt es von zahlreichen Herstellern Wasseraufbereitungsmittel, die Chlor sofort binden. Es geht aber noch einfacher: Entweder man lässt das Frischwasser einen Tag lang abstehen, denn dann hat sich das Chlor verflüchtigt, oder man beschleunigt diesen Prozeß, indem man das Leitungswasser entweder sofort stark belüftet oder durch einen Duschkopf (oder Perlator) laufen lässt, wobei die starke Luftzufuhr das unerwünschte Gas sofort austreibt.

Der pH-Wert

Die Abkürzung »pH« steht für den lateinischen Ausdruck »pondus Hydrogenii«, das heißt auf deutsch »Gewicht des Wasserstoffs«. Durch den pH-Wert wird ausgedrückt, ob im Wasser Säuren oder Basen (= Laugen) das Übergewicht haben, ob es also sauer oder basisch reagiert.

Aus Gründen der Vereinfachung wird eine Skala von 1 bis 14 benutzt, deren Mitte – also die 7 – den Neutalitätspunkt darstellt. Zur 1 hin wird es immer saurer, in Richtung 14 immer alkalischer, wobei man bedenken muss, dass diese Skala nicht linear verläuft, sondern mit der Zu- oder Abnahme um den Wert 1 einen Unterschied um das Zehnfache, bei Steigerung oder Abnahme um 2 das Hundertfache, bei 3 das Tausendfache aus-

Obwohl einige Schneckenarten auch in weichem Wasser vorkommen, benötigen sie doch Kalk für den Aufbau ihres Gehäuses.

macht. Ein Wasser mit dem pH-Wert 4 ist also tausendmal so sauer wie ein Wasser mit dem pH-Wert 7.

Je nach ihrer Herkunft sind Fische an unterschiedliche pH-Werte oder pH-Bereiche angepaßt und vertragen je nach Art Abweichungen in größerem oder kleinerem Umfang. Fische aus tropischem Schwarzwasser leben manchmal bei pH-Werten um pH 4, während zum Beispiel in den großen ostafrikanischen Seen (etwa Malawi- und Tanganjikasee) pH-Werte von über 8, zum Teil über 9 herrschen.

Unsere Wasserwerke sind bemüht, den pH-Wert stets zumindest knapp über dem Neutralpunkt zu halten, da ansonsten das Rohrleitungssystem Schaden leiden würde. Zur Haltung und besonders zur Zucht einiger Fischarten ist es also erforderlich, den pH-Wert zu beeinflussen.

Die Wasserhärte

Da zum einen die Aquarienfische aus verschiedenen Landschaften mit unterschiedlich hartem Wasser stammen und zum Teil auf solche Werte angewiesen sind sowie zum anderen die Pflanzen im Aquarium auf bestimmte Wasserhärten positiv oder negativ reagieren, ist es wichtig, die Härte des verwendeten Leitungswassers zu kennen und sie gegebenenfalls beeinflussen zu können.

Was macht die Wasserhärte aber nun eigentlich aus? Zunächst muss einmal zwischen verschiedenen Härtearten unterschieden werden:

Die **Karbonathärte** wird von den Karbonaten (= Salze der Kohlensäure, beispielsweise Marmor, Kalkstein und Soda) und Hydrogenkarbonaten der Erdalkalimetalle (vor allem Calcium und Magnesium) gebildet. Da sie beim Kochen des Wassers verschwindet, wird sie auch als temporäre oder nichtbleibende Härte bezeichnet. Sie wird in Grad gemessen, die Abkürzung ist °KH.

Die **Nichtkarbonathärte** wird auch als Sulfathärte bezeichnet, weil sie von den Sulfaten (= Salze der Schwefelsäure, etwa Gips) gebildet wird. Sie kann durch Erhitzen des Wassers nicht verändert werden, weshalb sie auch als permanente oder bleibende Härte bezeichnet wird.

Die Summe von Karbonathärte und Nichkarbonathärte ist die **Gesamthärte**, abgekürzt als °GH (vollständig als deutsche Gesamthärte »°dGH«, denn in anderen Ländern wird anders gemessen) und ebenfalls in Grad angegeben.

Wichtig ist die Karbonathärte, weil sie, wie erwähnt, von den Salzen der Kohlensäure gebildet wird. Sie steht in engem Zusammenhang mit dem pH-Wert des Wassers. Im Normalfall lässt sich aus dem pH-Wert und der Karbonathärte eines Wassers der Gehalt an freiem CO_2 ermitteln. Als einfache Regel lässt sich festhalten, dass der CO_2-Gehalt bei steigender Karbonathärte und zugleich stabilem oder konstanter Karbonathärte und dabei fallendem pH-Wert ansteigt.

Kohlendioxid und Karbonathärte bilden gemeinsam ein so genanntes **Puffersystem**, wie man in der Chemie das Zusammenspiel zwischen einer schwachen Säure und ihren Salzen nennt. Ein Puffersystem hält den pH-Wert innerhalb gewisser Grenzen weitgehend stabil, selbst wenn Säuren oder Basen hinzugefügt werden. Da die Karbonathärte, also die Salze der (schwachen) Kohlensäure, ein Bestandteil des Systems ist, darf sie nicht zu gering sein, wenn etwa mit Kohlendioxid gedüngt wird.

Anders verhält es sich mit einem anderen, meistens jedoch nur für Spezialaquarien wichtigen Puffersystem, das auf der Wirkung von **Torf** beruht. Hier kommt es für die Pflege und Zucht mancher Fische (Näheres bei den Artbeschreibungen) darauf an, den pH-Wert auf einem niedrigen Niveau (etwa pH 4 bis pH 5) zu stabilisieren. Um das zu erreichen, sollte die Karbonathärte so gering wie möglich sein; es darf natürlich auch nicht mit CO_2 gedüngt werden. Die vom Torf abgegebenen Stoffe bilden nun ein Puffersystem, das den pH-Wert im stark sauren Bereich hält.

Flüssige **Torfextrakte** haben diese Wirkung übrigens nicht. Ebenso sollte man auf die Zugabe von flüssigen Säuren oder Basen wie auch entsprechender käuflicher Mittel zur Einstellung des pH-Wertes möglichst verzichten. Solange die Kapazität des Puffersystems nicht überschritten wird, tritt keine Wirkung ein; danach kann es aber zu gefährlich starken pH-Wert-Veränderungen kommen.

Der Leitwert

Oft findet sich in Zeitschriftenartikeln und Fachbüchern der Begriff »**elektrische Leitfähigkeit**« oder verkürzt »**Leitwert**«. Angegeben wird er in Mikrosiemens pro Zentimeter bei einer bestimmten Temperatur, beispielsweise 500 µS/cm (24 °C). Der Leitwert gibt über die Messung eines durch Wasser geleiteten elektrischen Stromes an, wieviel geladene Teilchen (Ionen) darin vorhanden sind.

Da Salze in Ionen zerfallen, wenn sie in Wasser gelöst werden, wird diese Leitfähigkeit vor allem durch sie beeinflusst. Zu den gelösten Salzen gehören jedoch neben den Härtebildnern, die wir schon kennengelernt haben, auch andere, so dass beispielsweise Nitrat und Kochsalz das Ergebnis ebenfalls beeinflussen. Das ist insofern nicht unwichtig, als dass eine hohe Konzentration solcher Salze bei Messungen der Wasserhärte eventuell unbemerkt bleibt, was möglicherweise zu falschen Maßnahmen führt. Auch ist es wohl so, dass nicht nur die härtebildenden Verbindungen die Vorgänge im Aquarium beeinflussen, sondern gerade etwa Nitrat bei der Zucht und Aufzucht von in unserem Sinne empfindlicheren Fischen eine wichtige Rolle spielt. Ein hoher Leitwert kann auch auf Kochsalzreste, die von einer Krankheitsbehandlung herrühren, zurückzuführen sein.

Der Nachteil der **Leitwertmessung** liegt darin, dass man nicht herausbekommt, welche Stoffe in welchem Verhältnis zueinander vorhanden sind. Ist man sich aber über die Zusammensetzung des Wassers grundsätzlich im klaren, kann die elektrische Leitfähigkeit Auskunft über summarische Werte und Veränderungen geben. Die Leitwertmessung kann also nicht die Messung der Gesamt- und Karbonathärte ersetzen, obwohl es eine Faustregel gibt, nach der 1 °dGH etwa 30 µS/cm entsprechen sollen. Das gilt aber nur als sehr grober Richtwert bei einem Wasser, das nicht viele andere Salze enthält. Weichen aber Leitwert und Wasserhärte in ihrem Verhältnis zu sehr von der Faustregel ab, kann man davon ausgehen, dass erhebliche Mengen anderer Salze mit im Spiel sind.

Wasserwerte messen

Bei der Trinkwasserabteilung des jeweiligen Versorgungsunternehmens lassen sich die Werte exakt in Erfahrung bringen, die zu Hause »aus der Leitung kommen«.

Jetzt kennt man zwar sein **Trinkwasser** genau, die Werte, die im eigenen Aquarium herrschen, aber nicht. Dazu muss man selbst zum Laboranten werden und sich Mittelchen oder Geräte beschaffen. Ein Ausweg im Notfall ist noch der Gang zum Zoofachhändler, der meist als eine aquaristische Wasseranalyse im Programm hat. Aber bei fortlaufenden Messungen, etwa bei einer pH-Wert-Senkung, muss man schon selbst Hand anlegen.

Im Zoofachhandel gibt es für nahezu jeden interessanten Wasserwert ein geeignetes Reagenz auf chemischer Basis. Dabei handelt es sich in aller Regel um Lösungen, die einer Wasserprobe tropfenweise hinzugefügt werden. Anhand der verbrauchten Tropfenzahl bis zum Farbumschlag oder durch die angenommene Färbung selbst lassen sich nun genaue Aussagen über bestimmte Werte treffen. Hält man sich exakt an die Gebrauchsanweisungen, bekommt man Ergebnisse, die für den aquaristischen Alltag ausreichend genau sind.

Der Einsatz solcher Mittel empfiehlt sich vor allem, wenn man das Leitungswasser unverändert als Aquarienwasser einsetzt und nur hin und wieder kontrollieren möchte, ob Veränderungen eingetreten sind. Er ist aber auch dann unumgänglich, wenn es keine anderen Möglichkeiten gibt. So lassen sich Gesamt- und Karbonathärte mit bezahlbaren elektrischen Messgeräten nicht feststellen. Für pH-Wert- und Leitfähigkeitsmessungen sind allerdings eine Vielzahl von zum Teil recht preisgünstigen Geräten auf dem Markt, die eine fortlaufende Messung bei der schon erwähnten pH-Wert-Absenkung sogar billiger machen als das bei der Verwendung von Flüssigkeitsindikatoren möglich wäre. Allerdings müssen solche Geräte sorgsam gepflegt und regelmäßig geeicht werden, sonst sind sie wenig sinnvoll.

Wasser aufbereiten

Grundsätzlich ist es einfacher, den Tieren meist zuträglicher und auch billiger, sich die Fischgesellschaft nach dem vorhandenen **Leitungswasser** auszusuchen, also etwa bei hartem Leitungswasser eher mittelamerikanische oder ostafrikanische Buntbarsche zu pflegen als unbedingt Neonsalmler oder Diskusbuntbarsche züchten zu wollen. Aber natürlich ist das keine bindende Vorschrift, und wo bliebe letztlich der Reiz des Hobbys, wenn man sich neuen Herausforderungen nicht durch den Einsatz menschlichen Erfindungsreichtums gewachsen zeigen könnte?

Keinesfalls darf man wild herumexperimentieren und die Fische Belastungen aussetzen, die sie vielleicht nicht überleben könnten. Der erste Schritt bei der Wasseraufbereitung ist das genaue Wissen um das, was man erreichen will. Man muss also zum einen die Ausgangswerte des zu bearbeitenden Wassers kennen und zum anderen ein genaues Ziel vor Augen haben, das sich auf gründliche Literaturstudien und Erfahrungen anderer erfolgreicher Aquarianer stützt. Erst dann kann man die geeignete Methode wählen.

Arbeitet man an einem mit Fischen besetzten Aquarium, ist es immer wichtig, keine abrupten Änderungen eintreten zu lassen und den Vorgang laufend zu überwachen. Notfalls muss er schnell abgebrochen werden können, wenn sich zum Beispiel ein Säuresturz ankündigt.

Einstellung des pH-Wertes

Die häufigste Einflussnahme betrifft wohl den pH-Wert. Ist das Ausgangswasser bereits verhältnismäßig weich, überschreitet also etwa 10 °dGH nicht, genügt zur Zucht vieler Fische aus weichen, sauren Gewässern bereits eine **Ansäuerung**. Die Karbonathärte ist dann meist schon so gering, dass sie nur geringe Pufferwirkung entfaltet, so dass vor allem in Aquarien ohne Bodengrund eine Absenkung ohne Probleme möglich ist.

Die einfachste Möglichkeit ist die Zugabe von im Handel als »**Eichenextrakt**« oder Ähnliches erhältlichen Mitteln. Am besten mischt man in einem Eimer die angenommene Dosierung mit Aquariumwasser und lässt es über einen dünnen Schlauch so ins Aquarium zurückfließen, dass es sich mit dem Aquarieninhalt schnellstmöglich vermischt. Dabei misst man fortlaufend den pH-Wert, um ein zu starkes Absinken zu verhindern.

Aber auch nach der Zugabe ist eine weitere Überwachung nötig. Einmal kann sich der pH-Wert wieder erhöhen, wenn zum Beispiel alkalisch reagierender Bodengrund im Aquarium vorhanden ist, zum anderen besteht bei zu geringer Karbonathärte die Gefahr eines

Säuresturzes, der die Fische unweigerlich umbringen würde. Im ersten Fall muss noch einmal nachdosiert werden, bis der pH-Wert stabil bleibt, im zweiten ist ein sofortiger Austausch eines Teils des Aquarienwassers gegen Leitungswasser nötig, um ein weiteres Absinken abzufangen. Insgesamt ist diese Methode dem Einsteiger nicht unbedingt zu empfehlen.

Dringend abzuraten ist von der Verwendung von Produkten, die ausschließlich **anorganische Säuren** enthalten. Dabei geht es meist um Salz- oder Phosphorsäure, die den pH-Wert zwar senken, dies aber zum einen auf einem für die Fische unnatürlichen Wege tun, vor allem aber zur unkontrollierten Entstehung der jeweiligen Salze der Säure führen. In unserem Fall wären das zum Beispiel Chloride und Phosphate, die oft unerwünschte oder zumindest unbeabsichtigte Wirkungen haben. So sind Phosphate etwa dem Algenwuchs außerordentlich förderlich.

Schonender und vielleicht am »naturnahesten« ist die **Ansäuerung mittels Torf**. Natürlich darf man keinen gedüngten Gartentorf verwenden; inzwischen gibt es aber sowohl Fasertorf etwa für Gartenteiche als auch Torfgranulat, das wesentlich rascher und stärker wirkt und problemlos in einem Außenfilter untergebracht werden kann. Torf enthält eine Vielzahl von Stoffen, die den Fischen aus entsprechenden Wässern offensichtlich zusagen. Neben den von uns erwünschten organischen Säuren sind dabei auch Vitamine und Hormone im Spiel. Obendrein wirkt Torf auch mild enthärtend, was unseren Absichten ja meist entspricht.

Torf färbt das Wasser natürlich braun, aber das kommt den Verhältnissen in den heimatlichen Gewässern der Fische entgegen. Allerdings muss man berücksichtigen, dass durch die Einfärbung sich die Lichtverhältnisse ändern, was den Pflanzenwuchs neben dem geänderten pH-Wert beeinflussen kann. Am einfachsten wird der Torf, ganz gleich ob Fasertorf oder Granulat, in einen Nylonbeutel oder Ähnliches gepackt und in den Außenfilter praktiziert. Hat man einen Innenfilter, kann man den Beutel im Aquarium in die von der Pumpe verursachte Strömung hängen. Torf erschöpft sich relativ schnell; daher muss nach einem Wasserwechsel der pH-Wert gemessen werden, um den richtigen Zeitpunkt für die fällige Erneuerung der Torffüllung nicht zu versäumen. Eine Überdosierung ist mit Torf nicht so leicht möglich wie mit irgendwelchen Konzentraten, da Torf, wie oben erwähnt, eine puffernde Wirkung hat.

Eine **Anhebung des pH-Wertes** ist fast nie erforderlich, denn schon unser Leitungswasser ist von den Wasserwerken auf einen leicht alkalischen Wert eingestellt, mit dem auch ostafrikanische Cichliden auskommen. Außerdem kommt eine solche Maßnahme fast nur für die erwähnten Fische in Frage. Dabei ergibt sich ein höherer pH-Wert aber eigentlich automatisch, nämlich dann, wenn man ein zu weiches Ausgangswasser aufhärtet. Eine Filterung über Kalksand, Korallenbruch oder Marmorkies hebt nicht nur die Wasserhärte, sondern verschiebt auch den pH-Wert weiter in den alkalischen Bereich.

Veränderung der Wasserhärte

Die Beeinflussung der Wasserhärte (ausschlaggebend ist die Karbonathärte) ist nicht nur zum Selbstzweck erforderlich. Da die Karbonathärte Bestandteil eines Puffersystems ist, ist ihre Verringerung oft die Voraussetzung für eine wirksame und dauerhafte pH-Wert-Absenkung.

Destilliertes Wasser aus der Apotheke oder von der Tankstelle kommt allein schon wegen des Preises nicht in Frage. Die Verwendung von **Regenwasser**, in den Zeiten ungefilterter Auto- und Industrieabgase nicht empfehlenswert, stellt heute durchaus wieder eine praktikable Möglichkeit dar, zu weichem

Wasser zu kommen. Allerdings sollte man einen Dauerregen abwarten und erst nach einer Weile des Abregnens den Niederschlag sammeln. Danach filtert man ihn über Aktivkohle. Wer Regenwasser immer noch misstraut oder keines zur Verfügung hat, kann auch eine der beiden folgenden Methoden anwenden.

Die ältere ist die **Vollentsalzung** mit Kunstharzen. Dabei wird das Wasser über Kunstharzkügelchen in ein oder zwei Kunststoffsäulen geleitet, die aufgrund ihrer Eigenschaften die im Wasser enthaltenen Minerale, die ja als geladene Teilchen (Ionen) vorliegen, gegen H^+- und OH^--Ionen austauschen, im Prinzip also gegen Wasser. Das Endprodukt ist ein chemisch (fast) reines Wasser ohne jede Härte, das allerdings aufgrund der CO_2-Aufnahme aus der Luft einen niedrigen pH-Wert aufweist. Auch muss dieses Wasser erst mit anderem verschnitten werden, denn chemisch reines Wasser ist für Fische und Pflanzen tödlich.

Abhängig von den im Ausgangswasser enthaltenen Mineralen erschöpft sich ein Ionenaustauscher schneller oder langsamer und muss dann regeneriert werden.

Der Hauptnachteil der Entsalzung liegt in der Verwendung von Säuren und Laugen, die nicht nur eine Gefährdung für den Anwender darstellen, sondern auch eine beträchtliche Abwasserbelastung mit sich bringen können.

Die zweite, modernere Methode ist die der **Umkehrosmose**. Hier wird das Wasser mit dem Druck, der in der Leitung herrscht, im Prinzip durch eine mit mikroskopisch kleinen Löchern versehene Kunststoffmembran gepresst, die alle größeren Moleküle zurückhält. Man muss sich jedoch darüber im klaren sein, dass auch bei modernen Anlagen die Menge des Wassers, in dem die herausgefilterten Stoffe konzentriert sind, die des gereinigten Wassers übersteigt. Günstig ist es daher, wenn man auch für das »Abwasser« eine Verwendung hat, wie etwa die Gartenbewässerung. Ein weiterer Vorteil der Umkehrosmose liegt darin, dass im Gegensatz zur Entsalzeranlage ungeladene Teilchen, also auch Herbizide und Insektizide ausgefiltert werden können. Diese Gifte sind in den verschwindend geringen Mengen, in denen sie nach Eintrag ins Grundwasser durch landwirtschaftliche Maßnahmen im Trinkwasser auftauchen können, für den Menschen (angeblich) ungefährlich, für Fische aber oft schon bedenklich.

Die **Anhebung der Gesamt- und/oder Karbonathärte** ist nicht oft erforderlich. Als schonende Methode kommt die schon erwähnte Filterung über kalkhaltiges Material wie Marmorkies und Korallenbruch in Frage. Direkter wirkt eine Zugabe von Natriumhydrogenkarbonat (Natron) zur Erhöhung der Karbonathärte oder Calciumsulfat bei Anhebung der Gesamthärte. Allerdings muss dann laufend gemessen werde, um eine zu starke Wirkung zu verhindern.

Zum Schluss noch einmal der eindringliche Appell, Härte und pH-Wert wirklich nur dann massiv zu verändern, wenn es wirklich unumgänglich ist, also etwa zur Zucht besonders anspruchsvoller Schwarzwasserfische. Im eingefahrenen Gesellschaftsaquarium bringt man durch solche Eingriffe mehr durcheinander als man Gutes bewirkt. Besonders die Pflanzen, die sich den herrschenden Bedingungen angepasst haben, werden durch wasserchemische Veränderungen oft stark gestört.

Der beste Weg ist und bleibt, die Gesellschaft des Aquariums nach dem Wasser zusammenzustellen, das aus der Leitung fließt, und es gibt für hartes wie für weiches Wasser schöne und interessante Fische und Pflanzen.

Ist man aber wirklich nicht davon abzubringen, auch im normalen Haltungsaquarium etwa die Härte dauerhaft senken zu wollen, muss man sich darüber im klaren sein, dass bei jedem Wasserwechsel erhebliche Arbeit anfällt, dass oft gemessen werden muss und dass man zuverlässig und beständig alles unternimmt, um die erzielten Werte beizubehalten. Nichts wirkt im Aquarium so störend wie abrupte Veränderungen.

Die Pflanzen

Natürlich ist es möglich, Aquarien ohne Pflanzen zu gestalten und zu betreiben – es ginge ja auch ohne Fische. Aber Pflanzen können auch einiges Interesse für sich selbst beanspruchen.

Außerdem tragen gedeihende Pflanzen nicht wenig zum stabilen Funktionieren eines Aquariums bei: Sie produzieren Sauerstoff, nehmen Nitrat auf und eliminieren verschiedene andere giftige Stoffe. Nicht zu vergessen ist ihre Funktion als Versteck- und Ablaichplatz für viele Fische. Alles das ließe sich natürlich auch ohne Pflanzen bewerkstelligen; mit ihnen geht es jedoch einfacher.

Und natürlich spielt die Ästhetik eine bedeutende Rolle. Ein Aquarium mit einem gesunden, kräftigen Pflanzenwuchs bietet einen viel attraktiveren Anblick als ein kahles Becken, in dem einige Stengelchen und löchrige Blättchen vor sich hin gilben. Selbstverständlich gibt es auch Aquarien, in denen aufgrund der Wasserwerte oder der Nahrungsansprüche der Fische keine Pflanzen wachsen können, aber die sollen Spezialisten vorbehalten bleiben.

Die Bedürfnisse der Aquarienpflanzen

Wie wir eben gesehen haben, können Pflanzen im Aquarium außerordentlich hilfreich sein. Allerdings stellen auch sie durchaus unterschiedliche Ansprüche an ihre Umgebung. Zunächst einmal umfassen die Tropen und Subtropen, aus denen die von uns kultivierten Pflanzen stammen, riesige Gebiete rund um den Äquator und Tausende von Kilometern nördlich und südlich davon. Und selbstverständlich gibt es dort unterschiedliche Wasserstände und -temperaturen, Fließgeschwindigkeiten, Wasserwerte und Nährstoffkonzentrationen; es gibt Jahreszeiten oder auch nicht sowie wechselnde Lichtstärken und Helligkeitsphasen.

Aus alledem lässt sich ersehen, dass diejenigen Gewächse, die sich als kultivierbar erwiesen haben, ihren Ansprüchen gemäß behandelt werden müssen. Der wichtigste Faktor, der alles andere bestimmt, ist dabei das Licht. Die geringsten Probleme hat man mit unterschiedlichen Temperaturansprüchen, denn alle hier genannten Arten kommen mit der durchschnittlichen Aquarienwärme von 24 bis 28 °C gut zurecht.

Im Kapitel »Technik« war von den Gerätschaften die Rede, mit denen es überhaupt erst möglich ist, die angemessene Umgebung herzustellen. Immer gab es dort mehrere Möglichkeiten, aus denen man auswählen konnte. Betrachten wir die Aquarientechnik, vor allem die **Beleuchtung**, einmal vom Standpunkt der Pflanzen aus, kommen wir zu einer – zugegeben groben – Einteilung in drei Kategorien von Aquarien:

- Schwach beleuchtete Aquarien (nur eine Leuchtstoffröhre) ohne CO_2-Versorgung dürfen auch nur schwach mit Fischen besetzt werden. Aufgrund der geringen Energiezufuhr läuft der Stoffwechsel der Pflanzen langsam ab, viele Fische würden mit ihren Ausscheidungen das Wasser zu stark belasten. Geeignete Pflanzen sind *Anubias*-Arten, *Bolbitis*, Javafarn (*Microsorum pteropus*), *Cryptocoryne aponogetifolia*, Javamoos (*Vesicularia dubyana*). Vielleicht reicht die Beleuchtung aus, Schwimmpflanzen zu kultivieren, denn über der Wasseroberfläche gibt es noch das meiste Licht. In Frage kommen zum Beispiel Sumatrafarn (*Ceratopteris thalictroides*) und die berüchtigten Wasserlinsen (*Lemna* spp.).

Pflanzen stellen ebenso wie Fische ihre individuellen Ansprüche an ihren Lebensraum.

Solche eher düsteren Aquarien entsprechen durchaus natürlichen Gegebenheiten; kleinere Waldbäche etwa werden oft so von den Bäumen am Ufer beschattet, dass kaum einmal ein Sonnenstrahl bis zum Boden vordringt.

- Wenn schon über kleineren Becken zwei Leuchtstoffröhren installiert sind, wachsen auch Pflanzen zufriedenstellend, die zwar mehr Licht benötigen, in ihren sonstigen Anprüchen aber eher bescheiden sind, etwa Vallisnerien und Sagittarien. Möglich sind auch verschiedene *Cryptocoryne*-Arten; allerdings können hier die Wasserwerte ein begrenzender Faktor sein, denn viele dieser Sumpfpflanzen benötigen weiches, leicht saures Wasser. *Cryptocoryne* × *willisii* könnte aber durchaus gedeihen. Viele Amazonasschwertpflanzen (*Echinodorus* spp.) lassen sich unter solchen Bedingungen kultivieren, wachsen aber bei zusätzlicher Nährstoffversorgung (inklusive CO_2) deutlich besser. Auch Wasserpest (*Egeria*) und *Ludwigia* kann man in solchen Aquarien verwenden.
- Man muss zwar tiefer in die Tasche greifen, möchte man aber eine üppig wuchernde Unterwasservegetation mit prächtigen *Cabomba*-Beständen und dunkelroten Lotusblättern, kommt man um die Anschaffung starker Lampen (HQL oder HQI) oder einer entsprechenden Vielzahl von Leuchtstoffröhren nicht herum. Ebenso müssen Nährstoffe

zugeführt werden, eine CO_2-Anlage ist unbedingt erforderlich, eine Bodenheizung zumindest empfehlenswert. Hier hat man die freie Auswahl unter den anspruchsvollen Gewächsen, kann aber auch nicht so lichtbedürftige Arten einsetzen, denen man etwa durch Schwimmpflanzen einen schattigeren Standplatz verschafft.

Haben wir bei der ersten Kategorie nur wenige Fische zugelassen, so heißt das aber nicht, dass hier unbegrenzt viele Fische eingesetzt werden dürfen. Allerdings stellen hier nicht die Pflanzen, sondern die Tiere selbst den begrenzenden Faktor dar.

Der Umgang mit Aquarienpflanzen

Auswahl, Einkauf und Transport

Bevor man ratlos vor den Aquarien im Zoogeschäft steht, sollte man sich mit Bleistift und Papier hinsetzen und einen Plan ausarbeiten – eine Skizze, die in etwa maßstabsgetreu die Grundfläche des Aquariums zeigt, auf der man die technischen Geräte, Dekorationsstücke und als wichtigstes die Pflanzen eingezeichnet hat. Dabei kann man zunächst hemmungslos einer bisher verborgenen innenarchitektonischen Berufung nachgehen, doch wird man schnell merken, dass man sich einigen Zwängen zu beugen hat.

Zunächst sind einmal natürlich nur Pflanzen möglich, die mit den Bedingungen unseres Aquariums zurechtkommen. Als zweites muss man an die Fische denken und vielleicht Sichtbarrieren oder Reviergrenzen einplanen. Und nicht zuletzt hat man den Betrachter zu berücksichtigen: Man kann nicht eine »Vallisnerienwand« direkt an die Frontscheibe pflanzen, wenn man noch etwas sehen möchte. So ergibt sich dann fast schon von selbst ein Bild, das auch ästhetischen Ansprüchen entgegenkommt, und man muss nur noch ein wenig nachhelfen, um mit dem Ergebnis zufrieden zu sein.

Allerdings sollte man bei der Planung und beim Einkauf nicht sparsam sein und zwar nicht allzu viele verschiedene Arten, aber zumindest von den Gruppenpflanzen nicht nur drei oder vier, sondern mindestens zehn oder zwölf Stück vorsehen. Gerade beim Einfahren eines Aquariums können Pflanzen unterstützend wirken. Aus diesem Grund sind auch zunächst schnellwüchsige Arten wie *Egeria* oder *Ludwigia* vorzuziehen, die man ja später immer noch gegen eine hübsche *Cryptocoryne*-Art austauschen kann.

Die hier besprochenen Pflanzen sind eigentlich immer erhältlich; trotzdem ist es gut zu wissen, wann der Händler wieder beliefert wird, denn Pflanzen gehen manchmal weg wie die bekannten warmen Semmeln.

Heute stammen fast alle der im Handel angebotenen Arten aus Großzüchtereien. Die **Sumpfpflanzen**, die emers (= über Wasser) oft schneller wachsen, vor allem aber wirtschaftlicher zu behandeln sind (Beleuchtung und Heizung), stehen dort in Pflanztöpfen nur mit den Wurzeln in einer nährstoffreichen Lösung. Sie entwickeln also Überwasserblätter und müssen sich nach dem Einpflanzen ins Aquarium erst an ein untergetauchtes Leben gewöhnen; sie treiben zunächst erst langsam neue Blätter.

Für die Erstausstattung eines Aquariums empfiehlt es sich daher, entweder vor allem echte Wasserpflanzen (das sind zum Beispiel viele Stängelpflanzen) oder bereits ans submerse Leben angepasste Sumpfpflanzen zu verwenden. Das sind Pflanzen, die schon lange im Händlerbecken stehen oder aus Beständen anderer Aquarianer stammen, die ihren Unterwassergarten auslichten mussten.

Dass man darauf achtet, nur gesunde Exemplare ohne vergilbte, löchrige Blätter, glasige Stengel oder schwarze, faulige Zonen im Wurzelbereich zu kaufen, versteht sich eigentlich von selbst. Schauen Sie dem Verkäufer trotzdem ruhig ein bisschen auf die Finger und erheben Sie notfalls Einspruch, falls irgendein angegammelter Ladenhüter den Weg zu Ihnen finden soll.

Heute werden Pflanzen nicht mehr in Zeitungspapier eingeschlagen, sondern wie Fische in Plastikbeutel verpackt, die prall mit

Die Zusammenstellung der Pflanzen sollte im Voraus gut geplant werden.

Luft gefüllt werden, damit die Verpackung zugleich ein Polster für die oft brüchigen Gewächse darstellt. Durch den dichten Verschluss mit einem Gummiring bleibt die Luftfeuchtigkeit zumindest für die Dauer des Transportes genügend hoch. Trotzdem sollte man sich, vor allem im Winter, bald auf den Heimweg machen.

Wegen der Zerbrechlichkeit der Pflanzen muss man auch beim Auspacken einige Vorsicht walten lassen.

Zieht man die zarten Gewächse burschikos aus der Tüte, hört man oft ein Knistern. Das ist das Geräusch, das beim Zerbrechen der Stängel und Blätter entsteht. Besser ist es daher, die Tüte unten aufzuschneiden und die Pflanzen in der Richtung vorsichtig herausgleiten zu lassen, in der sie auch in die Tüte gewandert sind. Dann legt man sie auf eine flache Unterlage und sortiert sie.

Einsetzen und Gruppieren

Stängelpflanzen werden oft im Bund zu mehreren verkauft und unten mit einem Bleiband zusammengehalten und beschwert. Das Blei entfernt man natürlich und schneidet vorsichtig so viel vom unteren Ende des Stängels ab, dass kein längerer kahler Stiel nachher unschön im Aquarium auffällt. Auch die untersten Blätter werden entfernt, um die Pflanze zur rascheren Neubildung von Wurzeln in diesem Bereich anzuregen. Mit dem Finger bohrt man ein Loch in den Boden, steckt den Stängel hinein und schiebt den Sand oder Kies wieder zusammen. Stängelpflanzen wirken am besten, wenn sie in Gruppen wachsen; man pflanzt sie also in geringem Abstand zueinander.

Pflanzen mit grundständigen Blättern (**Rosettenpflanzen**) werden meistens in Plastiktöpfchen verkauft. Das Wurzelwerk steckt in Steinwolle, die unbedingt (!) entfernt werden muss, da die Wurzeln im Aquarium sonst bald faulen. Vor dem Einpflanzen werden beschädigte Blätter entfernt und die Wurzel mit der Schere auf höchstens fünf Zentimeter eingekürzt. Die alten Wurzeln dienen nach dem Einpflanzen sowieso fast nur der hilfsweisen Verankerung; die Pflanze bildet bald ein vollständig neues Wurzelwerk aus. Gewächse mit schmalen, senkrecht nach oben strebenden Blättern (*Cryptocoryne, Sagittaria, Vallisneria*, kleine *Echinodorus*) werden ebenfalls in Gruppen angeordnet, Pflanzen, deren Blätter dagegen raumgreifend nach außen streben, behandelt man als so genannte »**Solitärpflanzen**« und setzt sie als einzelnen Blickfang vorwiegend im Mittelgrund des Aquariums ein. Die Einstufung als pflanzlicher Solist hängt dabei allein von der Aquariengröße ab, denn ein 20 Zentimeter hoch wachsender *Echinodorus* stellt im 80-Zentimeter-Becken einen großen Busch dar, im 500-Liter-Aquarium pflanzt man besser ein ganzes Feld davon an, sonst wirkt es reichlich kümmerlich.

Schwimmpflanzen werden begutachtet, nötigenfalls gesäubert und dann auf die Wasseroberfläche gelegt. Bei ihnen muss man darauf achten, dass sie von der Strömung, die der Filterauslauf verursacht, nicht in die dunkelsten Ecken des Aquariums getrieben werden. Gerade Schwimmpflanzen sind meist besonders lichtbedürftig und sollten deshalb bevorzugt einen Platz an der Sonne zugewiesen bekommen. Man muss natürlich bedenken, dass unter ihnen Schatten herrscht; das lässt sich aber in stark beleuchteten Aquarien sogar zum Vorteil wenden, indem man etwa einen nicht so lichtbedürftigen Javafarnbusch darunter plaziert.

Es gibt aber auch Pflanzen, die weder im Boden wurzeln noch schwimmen müssen. *Anubias*, Javamoos und die meisten Farne lassen sich auch auf Steinen, Wurzeln oder sogar der Rückwand kultivieren, wenn man sie bis zum Festwachsen künstlich fixiert. Dazu benutzt man am besten einen transparenten Nylonfaden (Angelschnur). Mit Plastiknadeln lassen sich die kleinblättrigen *Anubias*-Arten auch auf Styropor-Rückwänden feststecken, was einen ganz vorzüglichen Eindruck macht. Sind die Pflanzen nach einiger Zeit festgewurzelt, entfernt man die Prothesen wieder.

Pflanzenpflege:

Auch wenn die Pflanzen üppig wuchern, kann man sie sich nicht einfach selbst überlassen, viel weniger, wenn es nicht so richtig klappt. Wachsen sie kräftig, müssen Stängelpflanzen regelmäßig gekürzt werden. Man schneidet sie einfach ab, entfernt vom oberen Stück die unteren Blätter und steckt sie vor den verbliebenen Stengeln wieder in den Boden. An der Schnittstelle des unteren Teils bilden sich dann oft Verzweigungen, die einen besonders eindrucksvollen buschigen Wuchs ergeben.

Vallisnerien und Cryptocorynen vermehren sich unter zusagenden Bedingungen oft so stark durch Ausläufer, dass ein immer größer werdender Teppich entsteht, dem man irgendwann Einhalt gebieten muss, soll er nicht in andere Planzenreviere vordringen und dem dort wachsenden Grünzeug Konkurrenz machen.

Behalten Sie nach solchen Arbeiten nach einiger Zeit Pflanzen übrig, bieten Sie sie dem nächstbesten Aquarianer an; er wird sie meist mit Kusshand nehmen. Werden die Mengen immer größer, melden Sie sich als Anbieter für die nächste Börse des Aquarienvereins an. Sie werden staunen, wie schnell Sie ausverkauft sind.

Zum Schluss noch einmal eines der Grundgebote der Aquaristik: Fassen Sie sich in Geduld! Wenn ein frisch gepflanztes Cryptocorynen-Wäldchen nach drei Tagen noch keine neuen Blätter getrieben hat, ist das völlig normal. Wenn sich dagegen nach drei Wochen immer noch nichts getan hat, sollte man etwas unternehmen. Die häufigsten Mängel liegen – und zwar in dieser Reihenfolge – in einer zu schwachen Beleuchtung, zu wenig verfügbarem CO_2 und/oder einer Lücke im mineralischen Nährstoffangebot. Alternativen sind das Auswechseln gegen anspruchslosere Pflanzen oder eine aquaristische Aufrüstung.

Kampffische und viele andere Labyrinthfische benötigen Schwimmpflanzen, zwischen denen sie ihr Schaumnest anlegen können.

Anubias barteri var. *nana*

Afrikanisches Zwergspeerblatt

Ein sehr anpassungsfähiges Gewächs aus dem tropischen Afrika, wo es meist emers an Gewässerrändern regelrechte Felder bildet. Im Aquarium kommt die Pflanze gut mit wenig Licht aus. Sie kann auf Wurzeln oder Steinen bis zum Anwachsen festgebunden werden; ebensogut lässt sie sich – entgegen anderslautenden Meinungen – in den Bodengrund einpflanzen. Ihr einziger Nachteil ist ihr ausgesprochen langsamer Wuchs. Deshalb ist sie auch vergleichsweise teuer.

Kleinbleibende Arten

Echinodorus tenellus

Zwergschwertpflanze

In ihrer Heimat (tropisches und subtropisches Amerika) wächst die Zwergschwertpflanze im Flachwasser; die Aquarianer verwenden sie gerne als Vordergrundpflanze, also im Bereich mit dem höchsten Wasserstand. Dort kann sie nur mit Hilfe einer starken Beleuchtung gedeihen. Zusätzliche CO_2-Versorgung und Düngung sind dann fast unerlässlich. *Echinodorus tenellus* ist sehr zart und muss gut anwurzeln.

Kleinbleibende Arten

Cryptocoryne × *willisii*

Zwergwasserkelch

Unter den kleinen Cryptocorynen ist diese Art die »anspruchsloseste«. Wie bei allen Cryptocorynen sind aber Veränderungen der Umweltbedingungen zu vermeiden. Kleine Gruppen wachsen auch noch bei mittlerer Beleuchtungsstärke langsam zu einem »Rasen« heran. *C.* x *willisii* ist auch noch unter dem falschen Namen »*Cryptocoryne nevillii*« im Umlauf.

Sagittaria subulata
Kleines Pfeilkraut
Diese kleine Sagittarie ist nicht so empfindlich wie etwa *Echinodorus tenellus* und gedeiht auch in härterem, alkalischem Wasser, wo sie sich ebenfalls nach kurzer Zeit zum Rasen vermehrt. Sie kann allerdings wesentlich höher wachsen, wenn das Licht nicht ungehindert bis zu ihr vordringt.

Kleinbleibende Arten

Vesicularia dubyana
Javamoos
Dieses Moos sieht sehr dekorativ aus, wächst unter nahezu allen Aquarienbedingungen und lässt sich überdies sehr vielseitig einsetzen: Man kann es auf Dekorationsmaterial oder der Rückwand bis zum Anwachsen fixieren. Leicht sammelt sich allerdings aufgewirbelter Mulm darin an; dann spült man es einfach unter temperiertem Wasser wieder aus. Ein ausgezeichnetes Laichsubstrat für viele Fische.

Kleinbleibende Arten

Anubias barteri var. *barteri*
Barters Speerblatt
Diese Pflanze ist wie auch *Anubias barteri* var. *nana* nur eine Varietät einer Art, deshalb gelten für ihre Kultur auch dieselben Bedingungen. Wegen ihrer Größe – sie kann mindestens 30 Zentimeter hoch werden – lässt sie sich auch im Hintergrund oder als Solitärpflanze kleinerer, nicht zu heller Aquarien einsetzen.

Großwüchsige Pflanzen

Aponogeton crispus

Krause Wasserähre

Aponogeton-Arten sind echte Wasserpflanzen, die Nährstoffe in einer Knolle speichern. *Aponogeton crispus* aus Sri Lanka entwickelt schnell zahlreiche Blätter und blüht auch häufig. Jedes Jahr zieht die Pflanze die Blätter ein und pausiert bis zum nächsten Austrieb. Verschiedentlich wird empfohlen, die Knollen dann aus dem Wasser zu nehmen und sie kühler und nur wenig feucht zu lagern. Andere *Aponogeton*-Arten sind empfindlicher und auch anspruchsvoller.

Bolbitis heudelotii

Kongo-Wasserfarn

Mit ihren gefiederten Blättern ist *Bolbitis heudelotii* eine attraktive Pflanze im schwach oder mäßig beleuchteten Aquarium. In seiner Heimat wächst der Farn oft auch über Wasser oder nur zeitweise untergetaucht. Wie den Javafarn fixiert man ihn bis zum Anwachsen auf Dekorationsmaterial. Weiches, saures Wasser ist von Vorteil, aber nicht Bedingung. Günstig soll sich auch eine stärkere Wasserströmung auswirken; vielleicht platziert man ihn also besser in der Nähe des Filterauslaufs.

Cryptocoryne aponogetifolia

Aponogeton-blättriger Wasserkelch

Diese *Cryptocoryne* ist nur etwas für wirklich große Aquarien. Ihre genoppten Blätter können weit über einen Meter lang werden und wachsen dann unter der Wasseroberfläche entlang. Sonst ist *C. aponogetifolia* die wohl unkomplizierteste Art der Gattung. Sie kommt mit wenig Licht aus, gedeiht auch in härterem, alkalischem Wasser und vermehrt sich rasch durch zahlreiche Ausläufer. Für kleinere Aquarien wäre die ähnlich aussehende, aber nicht so hochwüchsige *C. usteriana* eine Alternative.

Echinodorus amazonicus
Amazonasschwertpflanze
Echinodorus amazonicus wird je nach Nährstoffangebot und Beleuchtung 25 bis 50 Zentimeter hoch. Andere Arten wie *E. bleheri* oder *E. osiris* werden bedeutend größer; *E. cordifolius* wächst auch gerne bis zu anderthalb Meter aus dem Aquarium heraus. Auf Nährstoffmangel reagieren große *Echinodorus* rasch mit Kümmerwuchs. Einige Arten blühen recht oft. An den Blütenständen bilden sich kleine Tochterpflanzen, die nach einiger Zeit abgelöst und eingepflanzt werden können.

Microsorum pteropus
Javafarn
Dieser asiatische Farn wächst wie die *Anubias*-Arten auch bei schwächerem Licht. In seiner Heimat, dem tropischen Asien, besiedelt er wie sie auch Gewässerränder und nur zeitweise überflutete Standorte. Man sollte ihn besser nicht in den Boden einpflanzen, sondern seinen Wurzelstock auf Steinen oder Wurzelholz festbinden, bis er angewachsen ist.

Großwüchsige Pflanzen

Vallisneria spiralis
Schraubenvallisnerie
Der Klassiker unter den Aquarienpflanzen schlechthin. Die Schraubenvallisnerie wächst in härterem alkalischem Wasser gut und eignet sich deshalb etwa für Aquarien mit ostafrikanischen Buntbarschen – in deren Heimat kommt sie in einer Varietät auch vor.

Großwüchsige Pflanzen

Stängelpflanzen

Cabomba caroliniana
Karolina-Haarnixe
Diese Pflanze stammt aus den südlichen USA und dem südlichen Südamerika; sie sollte also nicht zu warm (bis 24 °C) kultiviert werden. Sie braucht viel Licht und eine gute Nährstoffversorgung. Gegen Veralgung und Schmutz auf den feinen Blättern ist sie empfindlich. Andere *Cabomba*-Arten sind noch lichtbedürftiger.

Stängelpflanzen

Egeria densa
Wasserpest
Aus ihrer ursprünglichen Heimat, dem südlichen Südamerika, ist diese Pflanze in die ganze Welt verschleppt worden, daher auch der Name. Sie kann sich unterschiedlichen Bedingungen gut anpassen und wächst auch in hartem, alkalischem Wasser sehr zügig. Beim Hantieren mit der Pflanze muss man sehr vorsichtig sein, die Stengel sind ausgesprochen zerbrechlich. *Egeria densa* ist auch noch unter dem Namen *Elodea densa* im Handel.

Stängelpflanzen

Hygrophila difformis
Indischer Wasserstern
Unter dem Namen *Synnema triflorum* gehört diese schnellwüchsige Pflanze mit den unterschiedlichen Blattformen schon seit Generationen zum festen Bestand der Aquaristik. Wie sein Verwandter, der Riesenwasserfreund, wächst der Indische Wasserwedel unter stärkerer Beleuchtung am kräftigsten.

Limnophila aquatica

Großer Sumpffreund

Wie die *Cabomba*-Arten, denen *Limnophila* ja auch sehr ähneln, ist eine starke Beleuchtung für ein gutes Wachstum vonnöten. Gleichzeitig muss natürlich auch die Versorgung mit allen anderen Nährstoffen sichergestellt sein.

Stängelpflanzen

Ludwigia palustris* × *Ludwigia repens

Bastard-Ludwigie

Die wissenschaftliche Bezeichnung weist mit dem »×« darauf hin, dass es sich hier um eine Kreuzung aus zwei Arten handelt. Die Bastard-Ludwigie ist die am weitesten verbreitete Vertreterin der Gattung in der Aquaristik und wächst wohl auch am schnellsten, doch benötigt sie eine relativ starke Beleuchtung. Sonst bildet sich das dekorative Rot in den Blättern auch nicht.

Stängelpflanzen

Myriophyllum aquaticum

Brasilianisches Tausendblatt

Gegen Verschmutzung und Veralgung ist das Brasilianische Tausendblatt äußerst empfindlich. Obendrein ist es sehr zart und benötigt sehr viel Licht, stellt also keine ausgesprochene Anfängerpflanze dar.

Stängelpflanzen

Stängelpflanzen

Rotala rotundifolia

Rundblättrige Rotala

Wie alle rotblättrigen Pflanzen braucht auch *R. rotundifolia* viel Licht; sonst ist sie aber recht anpassungsfähig. Die Art stammt aus Südostasien, wo sie auch noch in kühleren Regionen gedeiht. Andere *Rotala*-Arten sind zum Teil sehr viel anspruchsvoller.

Stängelpflanzen

Shinnersia rivularis

Mexikanisches Eichenblatt

Das Mexikanische Eichenblatt ist in der Aquaristik noch nicht lange verbreitet, hat sich aber in seiner kurzen Karriere als eine der am schnellsten wachsenden Stängelpflanzen entpuppt. Dabei spielen die Wasserwerte keine große Rolle; lediglich die Beleuchtung sollte kräftig sein.

Schwimmpflanzen

Ceratopteris thalictroides

Sumatrafarn

Unter zusagenden Bedingungen – vor allem viel Licht – bedeckt der Sumatrafarn in Kürze die gesamte Wasseroberfläche. Pflanzt man ihn ein, wächst er schnell zu einem riesigen Busch heran. Bis zum Festwurzeln muss man ihn allerdings mit einem Gewicht am Boden halten, da er einen ungeheuren Auftrieb besitzt. Der Sumatrafarn wächst auch in saurem Wasser gut.

Lemna minor

Wasserlinse, Entengrütze

Wohl eine der erfolgreichsten Pflanzen überhaupt. Sie gedeiht unter allen möglichen und unmöglichen Bedingungen rund um die Erde und hat mit ihrer explosiven Vermehrung schon Generationen von Aquarianern zur Verzweiflung getrieben. Wenn Wasserlinsen nicht gedeihen, muss etwas schon gewaltig in Unordnung sein. Will man sie loswerden, hilft nur akribisches Abfischen. Als Schattenspender für dämmrige Aquarien sind sie durchaus von Nutzen.

Pistia stratiotes

Muschelblume

Unter starkem Licht vermehrt sich die Muschelblume so stark, dass man beinahe wöchentlich den Bestand ausdünnen muss. Sie ist überall in den Tropen zuhause beziehungsweise eingeschleppt worden und gilt dort als Unkraut.

Riccia fluitans

Teichlebermoos

Leider findet man das kosmopolitische Teichlebermoos heute nicht mehr so häufig im Handel, obwohl es eine dekorative, unter starker Beleuchtung gut wachsende Schwimmpflanze ist, die einen bevorzugten Aufenthaltsort vieler Jungfische und ein hervorragendes Nestbaumaterial für Labyrinthfische darstellt.

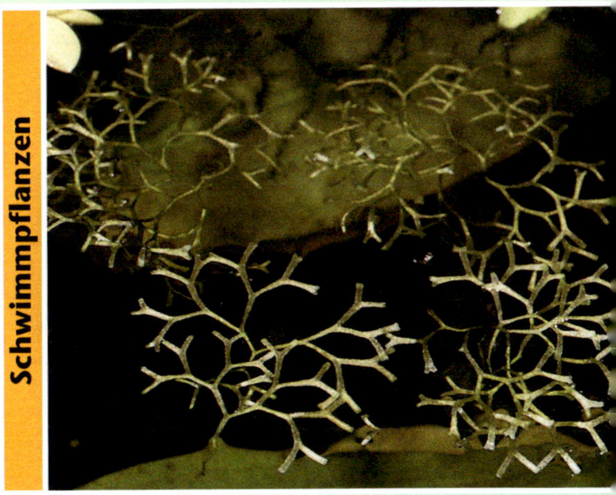

Die Fische

Im System der Biologie stehen die Fische mit dem Etikett »Niedere Wirbeltiere« ziemlich weit unten. Unbeschadet von dieser Klassifizierung haben sich die Fische den aquatischen Lebensräumen in einer solchen Plastizität angepasst, dass es den »Fisch an sich« nicht gibt. Trotzdem gibt es hier als Einstieg in die Materie einen solchen idealisierten Fisch zumindest in der Zeichnung.

Wir wollen uns hier nicht lange mit den Gemeinsamkeiten aufhalten, die Fische mit anderen Wirbeltieren teilen; interessanter sind die Besonderheiten:

Kiemen ermöglichen den Fischen, den im Wasser gelösten Sauerstoff mittels feiner Blutgefäße aufzunehmen und CO_2 abzugeben. Die mit Gas gefüllte Schwimmblase, über die allerdings nicht alle Arten verfügen, ermöglicht es ihnen, im Wasser zu schweben oder durch Veränderung der Füllung zu steigen oder zu sinken. Mit den Flossen stabilisieren sie ihre Lage und bewegen sich in alle Richtungen. Die Schuppen bilden einen zusätzlichen Schutz für den Körper.

Wieviele Fische passen ins Aquarium?

Verschiedene Faktoren begrenzen die Anzahl der Fische, die man in einem Aquarium pflegen kann. Zum einen ist es das Aquarium, das mit seiner Größe, technischen Ausstattung und Einrichtung nur eine bestimmte »Biomasse« bewältigen kann, zum anderen sind es natürlich die Fische selbst, die in ihren Ansprüchen berücksichtigt werden müssen. Daher ist es eigentlich nicht möglich, verbindliche Formeln anzugeben, die soundsoviele Zentimeter Fischlänge auf eine bestimmte Literzahl zulassen.

Ein kleiner Fisch, der für seine Fortpflanzung ein **Revier** beansprucht, um seinen Jungen eine ausreichende Nahrungsgrundlage zu sichern, muss in einem größeren Aquarium und in anderer Gesellschaft gepflegt werden als vielleicht größere Fische, die in **Gruppen** leben und keine Vorsorge für ihre Nachkommen treffen. So lassen sich im selben Aquarium vielleicht zehn oder zwölf Salmler derselben Art, aber nur ein Paar kleiner Buntbarsche pflegen. Es ist daher immer am besten, sich über die Ansprüche derjenigen Arten, die man eventuell pflegen möchte, vorher (!) zu informieren. Dazu fragt man andere Aquarianer, schaut in Bücher oder liest Zeitschriften, in denen oft auch Artikel über die heimatlichen Lebensbedingungen der Fische zu finden sind.

Schwarm, Gruppe, Paar oder Einzelgänger?

Auf keinen Fall sollte man in den Fehler verfallen, Fische zu »sammeln«. Eine genau durchdachte Auswahl ist zwar immer noch

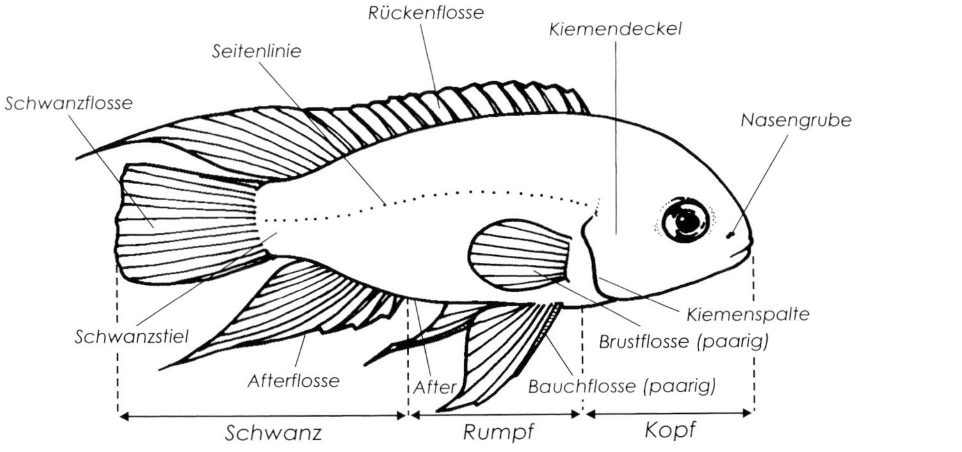

Idealisierte Darstellung der verschiedenen Körperteile und Organe eines Knochenfisches. Da sich die Zeichnung weitgehend an einem Buntbarsch orientiert, können Angehörige anderer Familien Abweichungen gegenüber diesem Schema zeigen.

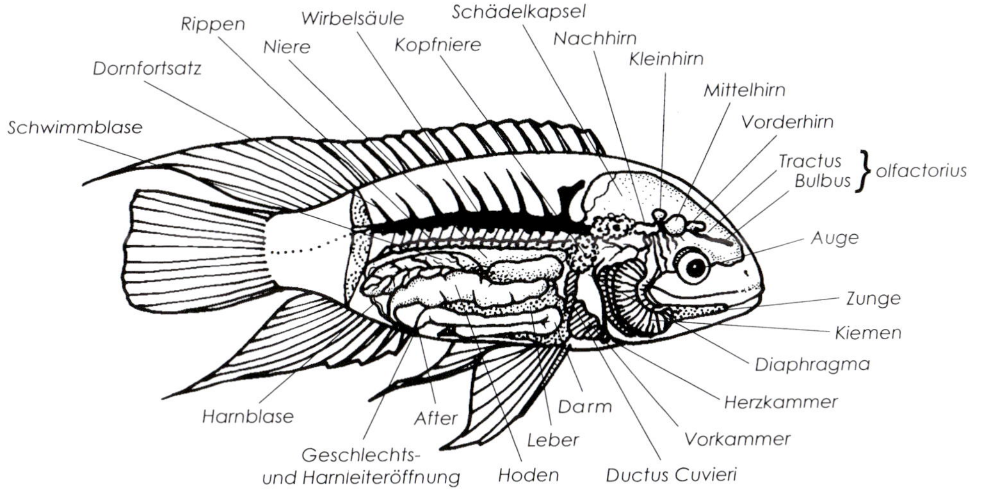

keine Garantie für eine harmonisch lebende Fischgemeinschaft; viele Fehler lassen sich aber durch ein bisschen Literaturstudium und ein paar Nachfragen bei anderen Aquarianern vermeiden. Noch weniger Fehlerquellen handelt man sich ein, wenn man die ins Auge gefaßte Artenzahl von vornherein auf Eins begrenzt. Das mag jetzt merkwürdig klingen, aber die Verhaltensweisen, die ein ungestörter Salmler- oder Barbentrupp an den Tag legt, wenn ihm nicht dauernd andere Fische in die Quere kommen, ergeben ein sehr viel spannenderes Aquarienerlebnis als die üblichen lebenden, bunten Bilder, denen man bestenfalls noch die Überschrift »Völkerverständigung« zugestehen kann.

Man nennt so etwas **Artaquarium** und denkt dabei immer ein wenig an die hohe

Schule der Aquaristik. Dabei verhält es sich eigentlich genau umgekehrt. Es ist viel einfacher, den Ansprüchen nur einer Fischart im Aquarium zu genügen als vielleicht vier oder fünf verschiedene Arten so auszuwählen, dass sie alle in dem eigentlich immer zu knappen Raum des Aquariums ihr gesamtes Verhaltensrepertoire zeigen können.

In immer mehr Zoofachgeschäften wird heute darauf hingewiesen, dass vor allem Barben, Salmler und Panzerwelse »**Schwarmfische**« seien und deshalb auch nur in bestimmten Mindestmengen verkauft werden. Das ist löblich, aber nicht ganz richtig. »Schwarm« bedeutet nur ein Verhalten, das von den meisten mit diesem Attribut belegten Fischarten vor allem dann vorgeführt wird, wenn sie sich durch äußere Einflüsse verunsichert fühlen, etwa wenn sie in eine für sie fremde Umgebung versetzt werden.

Man kann das selbst mit größeren, als territorial angesehenen **Buntbarschen** demonstrieren, indem man sie in ein Becken ohne Einrichtung setzt. Die Fische werden als Gruppe beisammenbleiben und auf zusätzliche Störungen mit noch engerem Zusammenrücken reagieren. Viele große amerikanische Buntbarsche werden im Aquarium meist paarweise gepflegt, weil sie ihre Nachbarn zur Fortpflanzungszeit auf einer Distanz halten wollen, die selbst große Behälter nur selten zulassen. In der Natur bilden sie dagegen oft lose Verbände, die größere Gewässerstrecken abschwimmen. Im Gegensatz dazu verteilen sich die zehn als Schwarmfische gekauften Roten Neonsalmler bald im ganzen Aquarium, und jeder Fisch wird ein kleines Revier besetzen, das er auch gegenüber seinen Nachbarn verteidigt.

Aber auch auf **Paarbildung** und **Familienstruktur** wirkt sich die Enge eines zu kleinen Aquariums aus. Setzt man ein Paar des Glänzenden Zwergbuntbarsches *Nannacara anomala* in ein Becken, in dem das noch nicht laichbereite Weibchen den immer ungeduldigeren Werbungen des Männchens nicht ausweichen kann, wird es die dauernde Verfolgung möglicherweise mit dem Leben bezahlen müssen. War es dagegen willig und hat mit dem Männchen abgelaicht, wird der Spieß umgedreht: Das Weibchen attackiert das Männchen so heftig, das nun dieses an den erlittenen Verletzungen eingehen kann.

In einem größeren Aquarium kann das nicht passieren. Das Weibchen hat genug Ausweichmöglichkeiten, solange es mit dem Männchen nichts zu tun haben will. Nach der Paarung wird das Männchen sogar in der weiteren Umgebung des Ablaichplatzes und später des Jungfischschwarmes geduldet und verteidigt nun seinerseits dieses Gebiet gegen andere, vor allem arteigene Fische. Die Folgerung, dass kleine Fische auch nur kleine Aquarien brauchen, ist also nicht immer richtig.

Im Aquarium, in dem nur eine Art – die aber richtig – gepflegt wird, stellt sich auch bei Arten, die man immer in speziellen Zuchtaquarien meinte ansetzen zu müssen, ohne großes Zutun Nachwuchs ein. Viele Salmler, Barben oder Welse vermehren sich auf einmal, ohne dass man an den Wasserwerten, der Einrichtung oder dem Futter irgend etwas geändert hätte.

Fische aussuchen, transportieren und einsetzen

Mit Aussuchen ist hier nicht gemeint, welche Fischarten für ein bestimmtes Aquarium ausgewählt werden sollen, sondern wie man beim Händler oder auch sonstwo die Fische betrachtet, für die man sich entschieden hat. Wie man sich seinen Händler aussucht, ist dann wieder eine andere Frage und verdiente eigentlich ein eigenes Kapitel...

Hier geht es darum, dass man einen gesunden, kräftigen Fisch von einem kranken und geschwächten unterscheiden kann. Zwar zeigen nur wenige Fische ihre volle Farbenpracht und ihr gesamtes Verhaltensrepertoire in den oft spärlich und hell eingerichteten Aquarien im Zoogeschäft. In den allermeisten Fällen handelt es sich auch um junge, noch nicht geschlechtsreife Tiere, die deswegen noch nicht voll ausgefärbt sind.

Guppymännchen beanspruchen keine Reviere und verhalten sich untereinander friedlich.

Trotzdem kann man mit ein bisschen Erfahrung und vergleichender Beobachtung erkennen, ob ein Fisch im Verhalten und in der Erscheinung dem artgemäßen Bild entspricht.

Als erstes besieht man sich das **Verhalten** und die Bewegungen. Wenn sich etwa Tiere, die ansonsten munter in einer Gruppe schwimmen müssten, absondern und reglos in der Ecke stehen oder gar auf den Boden hocken, stimmt etwas nicht. Übermäßiges Flossenzucken, Flossenklemmen, Scheuern oder ungewohntes Schwimmverhalten wie ruheloses Auf- und Abschwimmen, ruckweises Umherschießen, windende oder schlängelnde Körperbewegungen sind ebenfalls Alarmzeichen. Die Atmung muss ruhig und gleichmäßig sein. Die Fische müssen sich insgesamt so benehmen, wie es dem Verhalten der Art entspricht.

Das **Äußere** des Fisches darf ebenfalls keine Veränderungen aufweisen. Die Bauchlinie darf nicht nach innen gewölbt sein. Ein eingefallener Bauch ist ein Indiz für lange Hungerzeiten; die Fische sind geschwächt und oft nur schwer wieder aufzupäppeln. Matte oder blutunterlaufene Stellen in der Haut fallen oft erst beim zweiten Hinsehen auf. Die

Flossen müssen glattrandig sein und dürfen in den transparenten Teilen keine Trübungen zeigen. Auch die Augen müssen klar sein.

Das klingt zwar alles selbstverständlich; oft entdeckt man aber erst bei längerer Betrachtung verdächtige Anzeichen, die auch dem Händler wahrscheinlich entgangen sind, denn er wird hoffentlich alles daransetzen, kranke oder geschwächte Fische zu behandeln und so zu pflegen, dass er sie wieder als kräftige, gesunde Exemplare verkaufen kann.

Wenn später mehrere Arten im Aquarium schwimmen sollen, ist es beim ersten Besatz eines neu eingerichteten Beckens besser, nicht alle vorgesehenen Fische auf einmal zu kaufen und einzusetzen. Zunächst ersteht man die wahrscheinlich toleranteste Art und verwendet sie quasi als Testfisch. Fühlen sich diese Tiere wohl, gehen nach einem Tag gierig ans Futter und zeigen auch sonst ihr Wohlbefinden, können die restlichen Fische zugesetzt werden.

Im Zoogeschäft werden die Fische mit nicht allzu viel Wasser in einen Plastikbeutel gepackt, der prall mit Luft gefüllt und mit einem Gummiring verschlossen wird. Als Wärme- und Sichtschutz dient eine Lage Zeitungspapier, die um den Beutel gewickelt wird. Jetzt sollte man sich sofort auf den Heimweg machen – einmal um die ohnehin gegebene Stresssituation für die Tiere nicht unnötig zu verlängern, zum andern darf die Wassertemperatur im Winter nicht über Gebühr fallen, beziehungsweise im Sommer nicht zu stark steigen. Mehrere Lagen Zeitungspapier isolieren zwar ein wenig; längere Zeit sollte man die Tüten aber nicht stark abweichenden Temperaturen aussetzen.

Zuhause angekommen, werden die Fische auf keinen Fall schwungvoll ins Aquarium gekippt. Um die Temperaturunterschiede anzugleichen, lässt man den Transportbeutel vorerst noch geschlossen auf der Wasseroberfläche des Aquariums schwimmen. Nach ungefähr einer halben Stunde hat sich die Temperatur des Transportwassers soweit der des Aquariums angenähert, dass man nun den Beutel öffnen und etwas Aquarienwasser zugeben kann, um den Fischen die Umstellung auf eventuell abweichende Wasserwerte zu erleichtern. Erst dann werden die Tiere in ihre neue Umgebung entlassen.

Die allermeisten Fische werden sich erst einmal in Bodennähe in die Büsche schlagen und einige Zeit nicht hervorkommen. Keinesfalls darf man jetzt den Fehler machen und versuchen, die Tiere durch Futter hervorlocken zu wollen. Die Fische haben jetzt wortwörtlich andere Sorgen: Sie müssen sich erst einmal orientieren, beginnen vorsichtig das unbekannte Territorium zu erkunden und reagieren auf jede Bewegung vor dem Aquarium durch eilige Flucht in die sichere Deckung. Das Futter würde auf den Boden sinken und nur das Wasser belasten. Es ist überhaupt nicht nötig, frisch eingesetzte Fische am ersten Tag zu füttern; sie können ohne Not sehr viel längere Hungerperioden überstehen.

Futter und Fütterung

In der Natur ernähren sich die meisten zur Pflege im Aquarium in Frage kommenden Arten von einer großen Bandbreite unterschiedlichster Nahrungsquellen. Selbst Räuber, die auf andere Fische in der Deckung lauern, fressen gerne kleine Garnelen oder holen sich ins Wasser gefallene Insekten von der Oberfläche. Eine Fischart, die sich so weit spezialisiert hat, dass ihre ausreichende Ernährung im Aquarium nicht dauernd gewährleistet ist, darf man auch nicht pflegen. Aber das trifft für die allermeisten im Handel angebotenen Fische sowieso nicht zu.

Früher hielt der Aquarianer zwangsweise den Kontakt zur Natur aufrecht: Er musste nämlich mindestens einmal in der Woche mit Kescher und Eimer in allen möglichen Gewässern Mückenlarven oder Wasserflöhe fangen. Aus verschiedenen Gründen ist das heute kaum noch üblich. So ist vielen Aquarianern der Weg aus der Stadt zum nächstgelegenen Tümpel zu weit oder zu unbequem, außerdem bietet der Fachhandel heutzutage eine schier unübersehbare Palette unter-

Trockenfutter ist eine Sammelbezeichnung für eine Vielzahl von Futtermitteln, von getrockneten Wasserflöhen bis hin zu industriell gefertigtem Flockenfutter.

schiedlichster Futtermittel an. Das reicht von den Kunstfutterprodukten in Flocken-, Granulat-, Pillen- oder sonstiger Form über gefriergetrocknete Futtertiere, tiefgefrorenes Futter bis hin zum regelmäßigen Angebot von Lebendfutter.

Keinesfalls darf man Dinge wie Brotkrumen, Eigelb, Käsestückchen oder irgend etwas anderes aus dem menschlichen Speisezettel in das Aquarium kippen! Abgesehen davon, dass die Fische entweder gar nichts damit anfangen können oder sogar Schäden davontragen, würden solche Gaben Stoffe ins Wasser abgeben, die dort nun wirklich nicht hingehören und nach gründlicher Verachtung durch die Fische höchst unerwünschte (und gefährliche) Fäulnisherde darstellen. Mit dem, was man im Laden kaufen kann, lassen sich alle üblicherweise gepflegten Aquarienfische so ernähren, dass ihre Ansprüche erfüllt werden.

Die verschiedenen Futtersorten

Trockenfutter: Trockenfutter wird aus pflanzlichen und tierischen Rohstoffen (hauptsächlich Getreideprodukte und Fischerzeugnisse neben Zusatzstoffen wie Vitaminen und deren Vorstufen) in unterschiedlichen Rezepturen hergestellt. Die Gewichtung der Anteile bestimmter Inhaltsstoffe und die unterschiedliche Struktur und Größe der Futterpartikel ist auf unterschiedliche Ansprüche der Fische abgestimmt.

Das am meisten verbreitete **Flockenfutter** sinkt nach kurzer Zeit ab und wird so auch für Fische erreichbar, die nicht die Oberfläche aufsuchen. Neben der Standardflocke gibt es eine Variante mit hohem pflanzlichen Anteil und »Farbfutter«, das mit zusätzlichen Beimischungen zum Beispiel von Karotinoiden vor allem die Rotfärbung der Aquarienfische unterstützen soll. Verschiedene Flockengrößen sind für unterschiedlich große Fische

Der Fachhandel bietet eine Vielzahl hochwertiger Fischfuttermittel an.

gedacht, aber auch größere Fische nehmen kleinere Flocken, und zu große Flocken lassen sich zwischen den Fingern in passende Formate zerreiben. Als Pulver lassen sich auch Jungfische damit füttern.

Granulate sind in unterschiedlicher Korngröße im Handel. Sie sinken schnell ab. **Futtertabletten** sind vor allem für bodenorientierte Fische, etwa Schmerlen und Welse, gedacht. Es gibt auch Tabletten, die vornehmlich Pflanzenfressern zugute kommen sollen und einen hohen Algenanteil (vor allem *Spirulina*) aufweisen. Aufgrund ihrer Form können bestimmte Tabletten an die Aquarienscheibe geheftet werden; so lassen sich die Fische aus nächster Nähe beim Fressen beobachten. **Sticks** sind Futter in Stäbchenform, das aber erst für größere Fische in Frage kommt.

Gefriergetrocknetes Futter: Verschiedene Fischnährtiere wie kleine Garnelen (*Mysis*), Mückenlarven oder *Tubifex* sind auch als gefriergetrocknetes Aquarienfischfutter im Handel. Nach der Schockgefrierung wird ihnen das Wasser so schonend entzogen, dass die wertvollen Inhaltsstoffe weitgehend erhalten bleiben.

Tiefgefrorenes Futter: Mückenlarven, Salinenkrebschen (*Artemia*), Wasserflöhe und anderes Kleingetier werden inzwischen von fast allen Fachgeschäften tiefgefroren angeboten.

Während man Trockenfutter und gefriergetrocknetes Futter bequemerweise ohne jede Vorbereitung ins Aquarium gibt, muss tiefgefrorene Ware zuerst aufgetaut werden. Zum einen spielt die Kälte eine Rolle, die den Fischen nicht zuträglich ist; wichtiger ist es aber noch, das zusammen mit den Futtertieren eingefrorene Wasser entfernen zu können. Viele kleine und kleinste Futterpartikel ergeben eine milchige Abtauflüssigkeit, die das Aquarienwasser belasten würde. Man gibt die Portion Tiefgefrierfutter am besten in ein kleines Sieb und spült sie nach dem Auftauen unter fließendem Wasser kurz durch.

Lebendfutter: Das beste Futter sind nach wie vor lebende Kleintiere. In ihnen finden sich nicht nur sämtliche Inhaltsstoffe in unveränderter Form – bei Frostfutter gehen etwa verschiedene Vitamine durch die Lagerung und beim Auftauen verloren –, wichtiger ist wohl noch der Bewegungsreiz, der die Fische ihrer Beute nachjagen lässt, statt sich die Flocken vors Maul rieseln zu lassen.

Auch wenn heutzutage das »Tümpeln«, also das Selbstfangen von Wasserflöhen, Mückenlarven & Co., immer unbeliebter geworden ist, sollte man trotzdem nicht auf Lebendfutter verzichten. Das fängt schon mit den Blattläusen von Gartenpflanzen an. Natürlich muss man sicher sein, dass keine Spritzmittelrückstände ins Aquarium gelangen, denn Insektizide, Fungizide und Herbizide wirken auch auf Fische stark giftig.

Größeren Fischen kann man Fliegen fangen oder Regenwürmer anbieten, und in Regentonnen finden sich oft schwarze und rote Mückenlarven, in der kälteren Jahreszeit manchmal sogar weiße. Verschiedene Kleininsekten (Springschwänze, Fruchtfliegen) und Würmer (Grindal, Enchyträen) lassen sich auch züchten. Wie man das macht und woher man die Zuchtansätze bekommt, erfährt man am ehesten bei einem Aquarienverein.

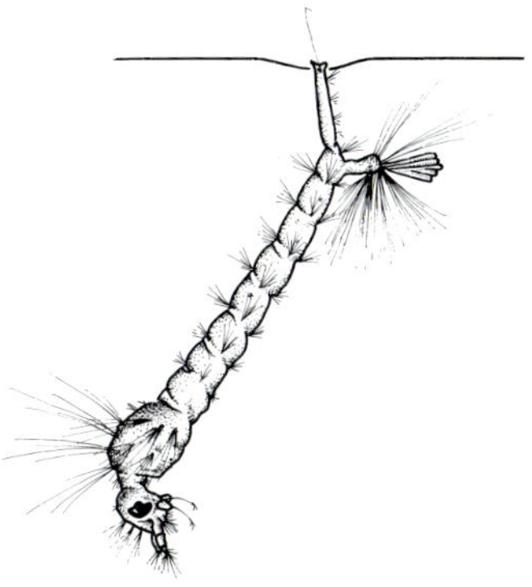

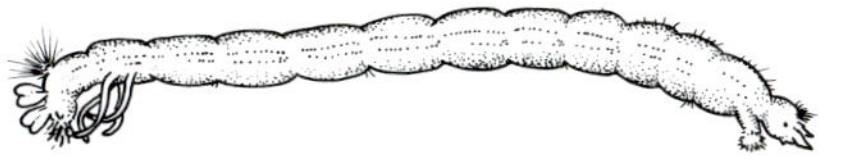

Rote Mückenlarven leben im Schlamm des Bodengrundes und sollten daher aus unbelasteten Gewässern stammen.

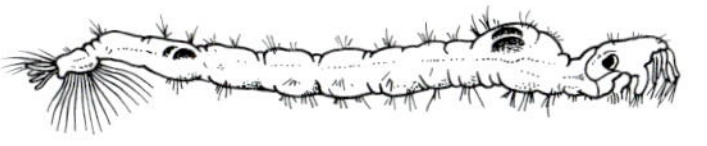

Schwarze Mückenlarven sind ein gutes Fischfutter, entwickeln sich jedoch bei Aquarientemperatur schnell zu Stechmücken.

Weiße Mückenlarven werden von den Fischen gern gefressen, dürfen aber nicht in ein Aquarium mit gerade geschlüpften Jungfischen gelangen, da sie sich an ihnen vergreifen würden.

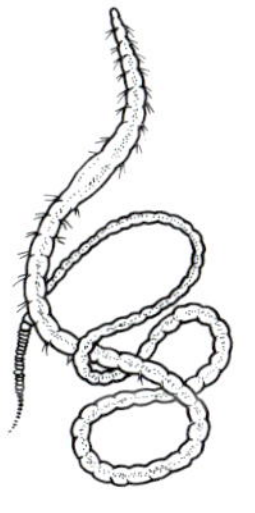

Bachröhrenwürmer (*Tubifex*) sind häufig im Zoofachhandel erhältlich.

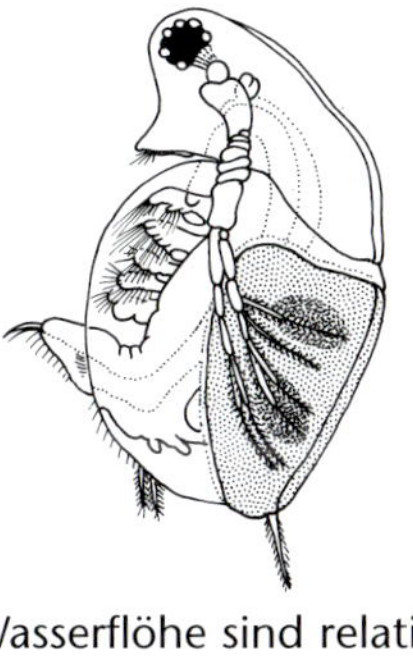

Wasserflöhe sind relativ nährstoffarm, bieten für die Fische aber durch ihre Bewegung einen Anreiz zur Jagd.

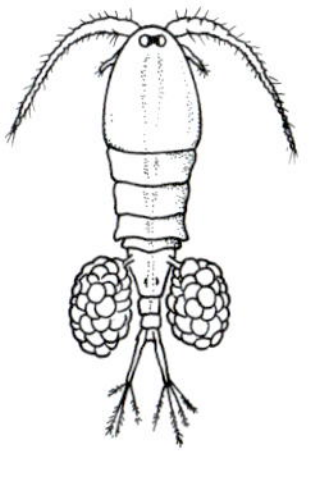

Ruderfußkrebschen der Gattung *Cyclops* sind kleiner und flinker als Wasserflöhe.

Die bequemste Möglichkeit bietet der Zoofachhandel. Viele Geschäfte halten laufend oder zumindest einmal wöchentlich Lebendfutter bereit. Zu bekommen sind verschiedene Mückenlarven, Wasserflöhe (Daphnien) und Hüpferlinge (*Cyclops*), Salinenkrebse (*Artemia*) und *Tubifex*, die man alle problemlos auch an kleinere Fischen verfüttern kann. Vorsicht ist lediglich bei *Tubifex* und roten Mückenlarven angeraten. Beide sind so genannte Indikatororganismen für belastetes Wasser, da sie auch unter sehr ungünstigen Bedingungen existieren können. Es ist jedenfalls nicht auszuschließen, dass auch die fürs Aquarium bestimmten Futtertiere belastet sind. Das gilt natürlich auch für tiefgefrorene Ware.

Auch beim Verfüttern von Lebendfutter empfiehlt es sich, die Portion abzuspülen, bevor man sie ins Aquarium gibt.

Grünfutter: Wenn es eingangs hieß, dass Bestandteile des menschlichen Speisezettels für Fische ungeeignet oder sogar schädlich seien, so trifft das auf die Pflanzenkost nicht immer zu. Selbst im »normalen« Gesellschaftsaquarium werden oft Harnischwelse mitgepflegt, die sich vorwiegend von pflanzlichen Bestandteilen ernähren. (Natürlich gibt es auch noch viele andere Vegetarier, die aber wegen ihres Appetits auf die Wasserpflanzen nicht so häufig anzutreffen sind.) Das tun sie nützlicherweise, indem sie zunächst überall den Algenaufwuchs abraspeln, doch wächst der nicht so schnell nach, dass er den Fischen eine ausreichende Ernährungsgrundlage sein könnte. Man muss also zufüttern. Flockenfutter mit hohem pflanzlichen Anteil wäre eine Möglichkeit, aber es wird auch von den anderen Fischen gern gefressen, die den Welsen kaum etwas übrig lassen.

Besser ist es, pflanzliches Futter in seiner ursprünglichen Form zu verabreichen. Hervorragend geeignet sind tiefgekühlte Erbsen, die man nach dem Auftauen zwischen den Fingern so zerdrückt, dass die äußere Hülle aufplatzt und die Fische gut an das Innere gelangen können. Eventuelle Reste muss man nach spätestens zwei Tagen wieder entfernen, um es nicht zur Fäulnis kommen zu lassen. Rohe Kartoffelstückchen, überbrühter Rosenkohl, gut gewaschene Salatblätter und vieles andere sind ebenso verwendbar. Ungeeignet sind Dosenkonserven. Durch die Hitzebehandlung sind nicht mehr alle Vitamine vorhanden, und außerdem enthalten sie neben Salz häufig auch noch andere Zusatzstoffe.

Futter für Jungfische

Wenn nicht zu viele Fische im Aquarium gepflegt werden, wird es sicher irgendwann Nachwuchs geben. Besonders Lebendgebärende Zahnkarpfen und Buntbarsche lassen sich an der Fortpflanzung oft nicht hindern. Deren Junge sind meistens schon so groß, dass sie mit den Larven (Nauplien) des **Salinenkrebses** (*Artemia salina*) gefüttert werden können. Diese *Artemia*-Nauplien lassen sich leicht selbst »herstellen«. Salinenkrebse produzieren so genannte Cysten, die als rötlichgrauer Staub lange Trockenperioden überstehen können. Diese meist als »Eier« bezeichneten Dauerstadien werden etwa an den Salzseen der USA regelrecht geerntet. Im Zoohandel kann man sie in Gläschen oder kleinen Dosen kaufen. Gibt man jetzt eine Portion dieser Eier in Salzwasser, schlüpfen bald die Nauplien und können verfüttert werden.

Das Rezept ist ganz einfach: Man nehme eine leere, saubere Mineralwasserflasche und fülle sie zu vier Fünfteln mit Leitungswasser, dem man zwei gehäufte Teelöffel Speisesalz (ohne Jod!) zugefügt hat. Je nach Menge und Größe der zu fütternden Jungfische gibt man eine Portion (Messerspitze bis Teelöffel) *Artemia*-Cysten hinzu. Ein Luftschlauch wird bis auf den Boden der Flasche geführt und die Kultur stark belüftet. Bei Zimmertemperatur schlüpfen die Nauplien nach etwa 48 Stunden, stellt man die Flasche wärmer, verkürzt sich die Inkubationszeit (bei 30 °C dauert es nur noch 24 Stunden).

Will man die Jungfische füttern, stellt man die Belüftung für einige Minuten ab. Die Nauplien sammeln sich am Boden und können mit einer Pipette oder einem dünnen Schlauch abgezogen werden. Mit einem feinen Sieb werden sie vom Salzwasser getrennt, das Wasser wird in die Flasche zurückgegossen, die *Artemia*-Larven verfüttert. Es empfiehlt sich, stets zwei dieser Kulturen im Abstand von ein oder zwei Tagen anzusetzen, da sich die erste schnell erschöpft haben wird und dann eine Lücke in der Nahrungsversorgung aufträte. Im Handel gibt es sowohl Kulturgeräte (luftdichte Stopfen mit verschieden langen Stutzen für die Luft) als auch die nötigen feinen Siebe.

Beim Füttern der Jungfische wird man feststellen, dass die Nauplien auch von anderen kleinen Fischen gern gefressen werden. Für kleine Salmler oder Bärblinge etwa sind sie ein ausgesprochen wertvolles Futter, zumal die in ihnen enthaltenen Karotinoide die Rottöne in der Färbung der Fische verstärken.

Die Jungen von vielen Salmlern, Barben, Labyrinth- und anderen Fischen sind zu Beginn so klein, dass sie *Artemia*-Nauplien erst nach einigen Tagen bewältigen können. Sie ernähren sich anfangs von Räder- oder Pantoffeltierchen, die in einem eingerichteten und bepflanzten Aquarium sowieso in einer Menge vorhanden sind, dass es eine Anzahl Jungfische mit Sicherheit schaffen wird, die ersten Tage zu überstehen. Will man gezielt füttern, müssen Aufgüsse angesetzt werden, die mit Teich- oder Aquarienwasser geimpft und mit Heu, Bananenschale oder getrockneter Steckrübe als Ernährungsgrundlage für die Einzeller manchmal einen derartigen Geruch entwickeln können, dass die Aquaristik bei den anderen im Haushalt lebenden Personen weniger gern gesehen wird.

Wann, wie oft und wieviel muss gefüttert werden?

Die meisten Aquarienfische sind wenig spezialisierte **Kleinbrockenfresser**, die in der Natur viel Zeit für ihren Nahrungserwerb aufbringen müssen. Die einmal tägliche Fütterung mit einer großen Portion entspricht deshalb kaum ihren Bedürfnissen. Da jedoch kaum jemand in der Lage sein wird, seinen Fischen laufend winzige Portionen zu verabreichen und das auch noch so, dass nicht nur die schnellsten etwas abbekommen, ist der günstigste Kompromiss eine zwei- oder dreimalige Fütterung pro Tag. Dabei gibt man Mengen, die nach spätestens zwei Minuten aufgefressen worden sind. Jedes Mehr ist von Übel, da die Fische mehr fressen werden, als ihnen guttut, und alles übrig gebliebene Futter für unerwünschte Bakterien und Pilze eine hervorragende Existenzgrundlage abgibt.

Ein wöchentlicher **Fastentag** ist für erwachsene Fische eine Wohltat; Jungfische müssen fortlaufend gefüttert werden. Sind dämmerungs- oder nachtaktive Tiere im Aquarium, füttert man nach Verlöschen der Beleuchtung speziell noch einmal diese Fische. Das trifft etwa auf die unter »Grünfutter« schon erwähnten Harnischwelse zu.

Jungfische, egal wie groß, müssen noch häufiger und beständiger fressen können als ausgewachsene Exemplare. Mindestens dreimal täglich muss daher gefüttert werden, wobei in extra eingerichteten Aufzuchtaquarien auch darauf zu achten ist, dass sich keine Futterreste und Ausscheidungen ansammeln. Mindestens einmal täglich müssen daher der Boden abgesaugt und das entfernte Wasser durch gleichwertiges frisches ersetzt werden.

Das Futtersortiment für den Anfang

Gehen wir von ungefähr 20 Fischen kleineren Formats – bis etwa sechs Zentimeter Länge – aus, die wir ernähren wollen, dann sind eine kleine Dose Flockenfutter, drei Tafeln unterschiedliches Frostfutter (schwarze und weiße Mückenlarven, *Artemia*) à 100 Gramm ein Sortiment, das im Wechsel gefüttert alle Bedürfnisse der Fische erfüllen sollte. Größere Mengen sollte man nicht als Vorrat halten, da überlagertes Futter viel von seiner Qualität verliert. Zusätzlich reicht man natürlich möglichst oft Lebendfutter.

Kleiner Fischatlas

Neben robusten und empfehlenswerten Fischarten werden im folgenden auch solche vorgestellt, die oft im Handel zu finden sind, aber aufgrund ihrer Größe, ihres Sozialverhaltens und der Wasser- oder Nahrungsansprüche selbst von erfahrereneren Aquarianern nur dann gepflegt werden sollten, wenn die nötigen großen Behälter beziehungsweise Kenntnisse und Erfahrungen auch vorhanden sind.

Am Ende jedes Artikels sind zur ersten Übersicht folgende Angaben in Abkürzungen zusammengefaßt: Herkunft (**H**); Größe (**G**) in Zentimetern; Wasserwerte (**W**), wobei »w« weich, »mh« mittelhart, »h« hart bedeutet. Ist für den pH-Wert keine Angabe gemacht, ist neutrales bis schwach alkalisches Leitungswasser verwendbar, sonst bedeutet »s« sauer, »n« neutral, »a« alkalisch; ein vorgestelltes »l« für leicht deutet auf geringere Werte hin. Die Temperatur (**T**) wird in °C, die Aquarienmindestgröße (**A**) als Länge handelsüblicher Standardabmessungen in Zentimetern angegeben.

Salmler (Characidae)

Mit ihrer Vielfältigkeit, ihrer Farbigkeit und ihrem meist friedlichen Verhalten gelten Salmler als Aquarienfische schlechthin. Die weitaus meisten Arten sind in nicht zu hartem Leitungswasser problemlos zu pflegen. Ihre Ernährung ist mit der im Kapitel »Futter und Fütterung« vorgestellten Grundausstattung vollauf gesichert.

Ein fast allen Arten gemeinsames Merkmal ist die **Fettflosse**, eine kleine Erhebung zwischen Rücken- und Schwanzflosse ohne Strahlen. Einige wenige Gattungen (zum Beispiel *Hasemania*) haben sie nicht, und auch bei anderen Fischen, Welsen beispielsweise, kommt sie vor.

Glühlichtsalmler (*Hemigrammus erythrozonus*).

Salmler werden oft als **Schwarmfische** angeführt. Dabei bilden sie solch enge Verbände nur, wenn sie sich bedroht oder unsicher fühlen. Geht es ihnen richtig gut, werden sie kleine und kleinste Territorien besetzen und in völlig harmlos verlaufenden Kämpfen gegen ihre Artgenossen behaupten.

Das gesamte **Verhalten** wird man im Aquarium nur dann miterleben können, wenn man ihnen genügend Platz und Ruhe bietet. Sie in wenigen Exemplaren mit vielen anderen unterschiedlichen Fischen zu vergesellschaften, lässt sie als »langweilige« Fische mal hierhin und mal dorthin schwimmen; viel mehr wird nicht geschehen. Setzt man dagegen mindestens zehn Salmler derselben Art in einem geräumigen Aquarium mit nur wenigen (oder gar keinen) anderen Fischen zusammen, werden sie sich mit ziemlicher Sicherheit auch bald fortpflanzen.

Karpfenähnliche Fische (Cypriniformes)

Hierher gehören die aquaristisch lange bekannten und beliebten Barben, Bärblinge, Schmerlen und Dorngrundeln. Ihre Verbreitung erstreckt sich über Europa, Asien, Afrika und Nordamerika. Allen Karpfenähnlichen fehlt die Fettflosse. Barben und Bärblinge ähneln Salmlern in vielem und besetzen in Asien die ökologische Nische, die diese in Amerika einnehmen.

Barben sind oft damit beschäftigt, den Boden nach Nahrung abzusuchen, sie gründeln unter Zuhilfenahme ihrer Barteln.

Bei der Pflege von Barben und Bärblingen ist die Verabreichung **pflanzlicher Beikost** oft wichtig. Brutpflege kommt bei den Karpfenähnlichen nur selten vor.

Die **Dorngrundeln** verdanken ihren Namen aufrichtbaren spitzen Fortsätzen unter den Augen, die sie als Verteidigungswaffe einsetzen (Dornaugen können empfindlich pieken, wenn man sie anfasst!). Mit ihrer langgestreckten Gestalt – manche sind regelrecht wurmförmig – sind Schmerlen und Dorngrundeln einem Leben in direktem Bodenkontakt angepasst. Auf dem Grund finden sie auch ihre Nahrung, zu der neben tierischen auch hohe Anteile pflanzlicher Kost in Form von Algen oder jungen Pflanzentrieben gehören.

Prachtbarbe (*Puntius conchonius*).

Sie leben zwar zum Teil sozial; manche Arten benötigen aber einen Abstand untereinander, den sie in den herkömmlichen Aquariengrößen nicht aufrechterhalten können. Prachtschmerlen und Feuerschwänze sind deshalb kaum geeignete Aquarienfische.

Welse (Siluriformes)

Welse leben fast immer streng bodengebunden. Alle Arten tragen **Barteln**, die manchmal länger als ihr Körper sein können. Dagegen haben sie keine Schuppen; ihr Körper wird oft von **Knochenbildungen** geschützt, die ihnen auch die entsprechenden Namen wie Dorn-, Panzer- und Harnischwelse eingetragen haben. Ihre Verbreitung erstreckt sich über die Süßgewässer der gesamten Erde mit Ausnahme der extrem kalten Zonen. In den Meeren leben nur wenige Arten.

Die unzähligen verschiedenen Welsarten, zu denen laufend der Wissenschaft bisher unbekannte hinzukommen, haben sich den unterschiedlichsten Bedingungen angepaßt. Vom riesigen räuberischen Waller (*Siluris glanis*) Europas über den fast ebenso großen Pflanzenfresser *Pangasianodon gigas* Südostasiens bis hin zu den südamerikanischen parasitisch lebenden kleinsten Schmerlenwelsen (Trichomycteriden) haben die Welse jeden Lebensraum und jede Nahrungsquelle erobert.

Ein Merksatz gilt für alle Welse: Auch wenn es immer wieder behauptet wird, Welse sind weder Resteverwerter noch Müllschlucker, weder Putzkolonne noch Scheibenreiniger! Sie alle haben ihre Ansprüche, die allesamt erfüllt werden müssen!

Panzer- und Schwielenwelse (Callichthyidae)

Da Panzerwelse immer in **Gruppen** leben, müssen auch im Aquarium mindestens sechs Tiere einer Art gepflegt werden. Wichtig ist

Gefleckter Schwielenwels (*Megalechis thoracata*).

Rückenschwimmender Kongowels (*Synodontis nigriventris*).

auch ein feinkörniger Bodengrund, am besten grober Sand, an dem sich die stets gründelnden Tiere ihre Barteln nicht verletzen können. Bei der Einstellung der Wassertemperatur muss man sich an der Herkunft der Tiere orientieren: Es gibt viele Arten aus dem dauerhaft warmen Amazonien, die sich bei 28 °C ausgesprochen wohlfühlen. Daneben stammen einige aus dem kälteren Süden Südamerikas oder aus höhergelegenen Fließgewässern und dürfen demzufolge auch nicht zu warm gehalten werden.

Harnischwelse (Loricariidae)

Mit ihrer oft abenteuerlichen Gestalt und kontrastreichen Zeichnung haben die Harnischwelse in den letzten Jahren einen regelrechten Kult ausgelöst, der zu manchmal abenteuerlichen Preisen für besonders attraktive Neuheiten geführt hat. Bei aller Begeisterung dürfen diese Fische keinesfalls als Prestigeobjekte missbraucht werden. Auch der Einsatz als Fensterputzer bietet ihnen keine ausreichende Existenzgrundlage, denn ein ordentlicher *Ancistrus* hat alle Algen im Aquarium nach wenigen Tagen aufgefressen. Außerdem sind längst nicht alle Harnischwelse Vegetarier. Wichtig für alle Arten sind **Versteckmöglichkeiten**, in die sich die Tiere tagsüber zurückziehen können, denn fast alle sind nachtaktiv und lassen sich erst nach einiger Zeit daran gewöhnen, auch bei Helligkeit zur Fütterung zu erscheinen. Deshalb ist es auch wichtig, darauf zu achten, dass sie genügend Nahrung bekommen, sonst muss bei Dunkelheit extra gefüttert werden.

Antennenwels (*Ancistrus* sp.)

Fiederbartwelse (Mochokidae)
Den Löwenanteil dieser Familie bildet die Gattung *Synodontis*, die ihr mit ihren feinverzweigten Barteln auch zu der deutschen Bezeichnung verholfen hat. Die Fiederbartwelse sind mit vielen Arten über das gesamte tropische Afrika verbreitet.

Ein Problem bei vielen Arten ist ihre Unverträglichkeit auch anderen Fischen gegenüber. Der Behälter muss geräumig sein und Höhlenverstecke aufweisen, in die sich die Fische tagsüber zurückziehen können. Die Ernährung ist mit Frost- und Lebendfutter kein Problem.

Schwertträger (*Xiphophorus helleri*).

Lebendgebärende Zahnkarpfen (Poeciliidae)

Zur Familie der Poeciliidae, wie die Lebendgebärenden Zahnkarpfen wissenschaftlich korrekt bezeichnet werden, gehören viele beliebte Aquarienfische. Guppy, Platy, Black Molly, Schwertträger in ihren vielfältigen Farb- und Flossenvarianten werden auch immer noch als ideale Anfängerfische angepriesen, obwohl das heute so nicht mehr stimmt. Die **Verbreitung** der Lebendgebärenden Zahnkarpfen erstreckt sich über Mittel- und Südamerika, wo sie in größeren Verbänden Fließgewässer mit Pflanzenwuchs besiedeln.

Viele der im Fachhandel angebotenen Fische stammen jedoch aus Südostasien, wo sie in Massenzuchten regelrecht produziert werden. Der Einsatz von Medikamenten (hauptsächlich Antibiotika) und das Aufsalzen des Wassers verhindern dort zwar größere Verluste und garantieren ein schnelles Wachstum bis zur Exportgröße, machen die Tiere aber ausgesprochen empfindlich gegenüber unseren »normalen« Haltungsbedingungen. Es ist daher besser, Fische aus Nachzuchten zu kaufen, die unter Bedingungen herangezogen worden sind, die eher den späteren Verhältnissen in unseren Aquarien entsprechen.

Die **Geschlechtsunterschiede** sind einfach festzustellen: Die ohnehin immer kleineren und farbigeren Männchen besitzen in der Umbildung der Afterflosse ein Begattungsorgan, das Gonopodium. Damit werden die Weibchen begattet, in deren Ovarien die Eier bis zum Schlupf heranreifen. Die Jungen sprengen die Eihülle unmittelbar vor ihrer Geburt und verlassen den Mutterleib als voll lebenstüchtige Fische. Da einige Arten ihrem eigenen Nachwuchs nachstellen, muss man entweder in einem ausreichend geräumigen Aquarium durch Schwimmpflanzen und dichte Wasserpflanzenbestände für genügend Versteckmöglichkeiten sorgen oder die trächtigen Weibchen isolieren und nach dem Wurf der Jungen wieder zurücksetzen.

Die aus Mittelamerika stammenden Arten und auch die Zuchtformen des Guppys sollten in eher hartem Wasser gepflegt werden. Wichtig ist eine genügend große Gruppe, in der die Weibchen in der Überzahl sind, damit die ständig balzenden Männchen nicht zum Stressfaktor werden.

Neben den üblichen Futtersorten sollte immer auch ein gewisser Anteil an pflanzlicher Nahrung geboten werden, damit sich die Lebendgebärenden Zahnkarpfen als ausdauernde und lebendige Aquarienfische erweisen.

Eierlegende Zahnkarpfen, Killifische (Cyprinodontidae)

Für den Einstieg in die Aquaristik eignen sich nur wenige Killifische, wie man die Eierlegenden Zahnkarpfen auch nennt. Killi bedeutet übrigens nichts Gefährliches, sondern bezeichnet den Ort, an dem die aus Holland stammenden Siedler in Nordamerika diese Fische fanden, denn Kill heißt nichts anderes als Wassergraben.

Außer in Australien und in den eher kalten Zonen sind die Killifische über die Süßgewässer der ganzen Welt verbreitet. Viele tropische Arten haben sich den wechselnden Umweltbedingungen mit ihren schwankenden Wasserständen und vorübergehend sogar austrocknenden Gewässern so weit angepasst, dass ihre Eier im nur noch feuchten Boden überdauern und die Jungen erst schlüpfen, wenn steigendes Wasser oder Regen ihnen ein sicheres Überleben signalisieren.

Für die Zucht dieser so genannten »**Saisonfische**« richtet man ein Aquarium mit einem Bodengrund aus Torfmull ein, in den die Fische ihre Eier ablegen. Der Torf mit den Eiern wird nun lediglich feucht aufbewahrt. Monate später erfolgt ein »Aufguss«, nach dem die Jungfische aus ihren Eiern schlüpfen.

Streifenhechtling (*Apolocheilus lineatus*).

Die hier vorgestellten Arten gehören allerdings nicht zu jenen, deren Eier eine solche Trockenpause benötigen. Sie laichen vielmehr im Pflanzendickicht, wo sich die Eier auch bis zum Schlupf entwickeln.

Die Pflege ist eigentlich nicht schwierig, wenn man den Fischen nicht allzu hartes Wasser und geeignetes Futter zur Verfügung stellt. Besonders gern fressen sie kleine Insekten, die auf die Wasseroberfläche gefallen sind. Mückenlarven, *Cyclops*, *Artemia* und Ähnliches sind aber lebend wie tiefgefroren eine ebenfalls vollwertige Kost.

Labyrinthfische (Anabantoidei)

Ihren deutschen Namen verdanken die in Afrika und Asien beheimateten barschverwandten Labyrinthfische einem zusätzlichen Organ, eben dem oberhalb der Kiemen gelegenen Labyrinth, mit dem sie in der Lage sind, atmosphärische Luft zu veratmen, die sie mit dem Maul aufnehmen. Dadurch sind sie vom Sauerstoffgehalt des Wassers weitgehend unabhängig und dauern auch in einer Umgebung aus, in der andere Fische nicht mehr leben können.

Bei der Haltung im Aquarium sollte man darauf achten, dass die **Luft** über der Wasseroberfläche nicht deutlich kühler als das Wasser ist, da die Fische sonst möglicherweise erkranken. In ungeheizten Räumen ist das Aquarium also abzudecken. Da viele Labyrinthfische außerdem recht gut springen können, empfiehlt sich eine Deckscheibe ohnehin.

Beim **Transport** ist ebenfalls darauf zu achten, dass die Luft, die reichlich im Beutel vorhanden sein muss, nicht zu stark auskühlt und die Fische immer problemlos an die Wasseroberfläche gelangen können. Es darf kein Sauerstoff in die Transporttüten gepumpt werden, denn reiner Sauerstoff ist für das Labyrinth der Fische zu aggressiv und würde den Tieren großen Schaden zufügen.

Mosaikfadenfisch (*Trichogaster leerii*).

Viele Labyrinthfische bauen ein Schaumnest für ihr Gelege. Deswegen darf es keine starke Strömung im Aquarium geben, der Filterauslauf muss also entsprechend gedrosselt und/oder ausgerichtet sein. Schwimmpflanzen wie *Ceratopteris* oder *Riccia* werden von den Fischen als Baumaterial mitbenutzt. Die Männchen umhüllen Luftblasen mit einem speichelähnlichen Sekret und sammeln sie an der Oberfläche.

Die Eier steigen nach oben oder werden vom Männchen im Nest zusammengetragen und bis zum Schlupf bewacht. Meist erlischt dann der Brutpflegetrieb recht schnell, und die Jungen werden sich selber überlassen oder müssen ihren Eltern sogar aus dem Weg gehen, weil diese sie als Beute ansehen.

In einigen Gattungen der Labyrinthfische kommt auch Maulbrutpflege vor. Bekannt sind vor allem einige maulbrütende Kampffischarten und der Schokoladengurami, der jedoch recht hohe Ansprüche an die Wasserqualität stellt.

Buntbarsche (Cichlidae)

Buntbarsche leben in Mittel- und Südamerika, in Afrika und mit wenigen Arten in Vorderasien sowie auf Sri Lanka und der benachbarten südindischen Landzunge. Sie haben sich an die verschiedensten Lebensräume angepaßt und besiedeln Stromschnellen ebenso wie große Seen.

Aus **Mittelamerika** werden zwei kleinere Buntbarsche, die häufiger im Handel auftauchen, vorgestellt. Die Pflege der bis über 50 Zentimeter groß werdenden Arten sollte den Besitzern auch wirklich großer Behälter vorbehalten bleiben. Die »kleinen« Arten sind sowohl genauso bunt als auch genauso interessant wie die »Riesen«.

Zur Fortpflanzung beanspruchen sie ein Revier, dass sie energisch vor allem gegenüber Artgenossen verteidigen und das umso größer wird, je mehr Platz für die hungrigen Jungfische erforderlich ist. Um die noch nicht schwimmfähigen Larven sicher unterzubringen, heben sie kleine Gruben aus, in denen sie vor der Strömung und dem Entdecktwerden durch Freßfeinde geschützt sind.

Ein geräumiges Aquarium, das schon mit seiner Einrichtung die Reviergrenzen mit Steinen, Wurzeln oder Pflanzen vorgibt, macht auch die Pflege mehrerer Paare möglich, ohne dass es folgenschwere Auseinandersetzungen gibt. Sie kommen auch im Aquarium mit weichem bis hartem Wasser zurecht, und ihre Ernährung ist mit dem üblichen Futter leicht. Eine Vergesellschaftung mit größeren

Rotbrustbuntbarsch (*Thorichthys meeki*).

Schmetterlingbuntbarsch (*Mikrogeophagus ramirezi*).

Lebendgebärenden Zahnkarpfen oder robusten Salmlern ist gut möglich.

Um den Nachwuchs kümmern sich beide Elternteile. Das Weibchen betreut zunächst das auf eine Unterlage geheftete Gelege, fächelt ihm Frischwasser zu, entfernt Schmutzpartikel und nicht entwickelte Eier, während das größere und damit stärkere Männchen das Revier sichert und Eindringlinge ohne Vorwarnung angreift. Die Rollen werden auch getauscht, doch in der meisten Zeit bleibt es bei der geschilderten Aufgabenteilung. Später bewachen beide Tiere den Schwarm freischwimmender Jungfische und dirigieren ihn durch Signale wie Körperbewegungen oder Flossenzucken. Die Brutpflege erlischt oft erst, wenn sich die Eltern erneut paaren wollen.

Roter Cichlide (*Hemichromis*-Art).

Das Aquarium für **südamerikanische** Cichliden sollte Rückzugsmöglichkeiten in Form von Höhlen oder Unterständen bieten. Dabei richtet sich die Größe dieser Verstecke natürlich nach der Größe der Fische.

Bei allen Buntbarschen, die eine Elternfamilie bilden, sich also beide Elternteile der Brutpflege annehmen, ist es am besten, sich die Paare aus einer Gruppe mehrerer Jungfische selbst finden zu lassen. So lässt sich ein später auch harmonierendes Paar am ehesten gewährleisten.

Die Fließgewässer des tropischen **Westafrika** bieten eine ähnliche Vielfalt an Lebensräumen wie die südamerikanischen. Die Aquarieneinrichtung kann also auch ähnlich wie dort beschrieben aussehen. Mit *Anubias* und *Bolbitis* bepflanzte Becken mit schattigen Zonen und Verstecken sind für viele westafrikanische Cichliden wie die hier vorgestellten Roten Cichliden und *Pelvicachromis pulcher* ideal.

Der **Malawisee** gehört zu den großen Seen des ostafrikanischen Grabenbruchs und ist wie der weiter südlich gelegene Tanganjikasee eher ein Süßwassermeer. In diesem einzigartigen Lebensraum haben sich aus einem gemeinsamen Vorfahr die unüberschaubar vielen, nur dort lebenden (= endemischen) Arten entwickelt.

Aufgrund der großen Aggressivität dieser Fische und der ständigen Fortpflanzungsbereitschaft der Männchen müssen zum einen einem Männchen mehrere Weibchen zur Verfügung stehen und zum anderen unterschiedliche Arten miteinander vergesellschaftet werden, damit sich die Aggressionen nicht gezielt gegen einen unterlegenen Fisch richten können, sondern sich so verteilen,

Kaiserbuntbarsche (*Aulonocara-Arten*).

Prinzessin von Burundi (*Neolamprologus brichardi*).

dass für das einzelne Tier kein hoher Druck entstehen kann.

Einen weiteren Vorteil brachten diese Fische für viele Liebhaber mit: Das Wasser des Malawisees mit seiner mäßigen bis deutlichen Alkalität (pH-Wert etwa zwischen 7,5 und 8,5) kommt den meisten deutschen Leitungswässern nahe, so dass eine spezielle Wasserbehandlung nicht nötig ist. Die Härte sollte 5 °dGH und °KH nicht unterschreiten, höhere Werte schaden nicht. Die Temperatur ist mit 25 bis 28 °C richtig eingestellt.

Die Mehrzahl der gepflegten Malawisee-Buntbarsche gehört zur Gruppe der »Mbuna«; sie leben in Felsregionen und ernähren sich von kleintierhaltigem pflanzlichem Aufwuchs, den sie von den Steinen schaben. Daneben gibt es die »Utaka«, die im freien Wasser hauptsächlich tierisches Plankton (Kleinkrebse) fressen, und Buntbarsche, die über freien Sandflächen leben.

Für die Mbuna muss das geräumige Aquarium mit Felsaufbauten so strukturiert werden, dass viele Spalten und Unterschlupfmöglichkeiten entstehen und bis zur Oberfläche reichen, um alle Ebenen des Behälters mit Rückzugsmöglichkeiten zu versehen und so auch die obere Zone des Aquariums für die Fische besiedelbar machen.

Die Buntbarsche des Malawisees vermehren sich als ovophile Maulbrüter in einer Mutterfamilie, das heißt das Weibchen nimmt die vom Männchen sofort nach der Ablage befruchteten Eier direkt ins Maul auf und entlässt erst die geschlüpften schwimmfähigen Jungfische, die je nach Art noch eine Weile Schutz im Maul der Mutter finden. Im Aquarium vermehren sich die Malawiseebuntbarsche meist ohne besonderes Zutun des Pflegers. Die Jungfische können sofort mit *Artemia*-Nauplien gefüttert werden.

Die Weibchen sind nicht so prächtig wie die Männchen gefärbt, sondern meist nur silbergrau. Nicht dominierende Männchen färben sich allerdings auch nicht aus und können den Weibchen recht ähnlich sehen.

Auch im **Tanganjikasee** lebt eine große Vielfalt von Cichlidenarten, die ausschließlich dort vorkommen. Da sie von verschiedenen Vorfahren abstammen, unterscheiden sie sich stärker voneinander als die Malawisee-Cichliden. Das trifft nicht nur auf ihr Aussehen, sondern auch auf ihr Fortpflanzungsverhalten zu.

Die Wasserwerte liegen höher als im Malawisee, sodass hier besonders darauf geachtet werden muss, dass der pH-Wert nicht unter 7,5 sinkt. Mittelhartes bis hartes Wasser ist ebenfalls unverzichtbare Voraussetzung für eine erfolgreiche Haltung und Vermehrung. Die Einrichtung des Aquariums muss sich an den Gegebenheiten der Heimatbiotope der Fische orientieren; die meisten der bei uns gepflegten Arten stammen aber aus ähnlich strukturierten Zonen wie sie bei den Malawisee-Cichliden beschrieben worden sind.

Regenbogenfische (Atheriniformes)

Die in Australien und auf Neuguinea verbreiteten Regenbogenfische sind erst in den letzten Jahren in der Aquaristik zu Ruhm gelangt. Die oft brillanten Farben dominierender Männchen und ihre relative Unkompliziertheit bezüglich der Wasserwerte haben sie zu beliebten Pfleglingen gemacht. Lediglich auf Wasserbelastungen reagieren sie empfindlich. Vermeidet man also vor allem höhere Nitratwerte durch häufige und regelmäßige Wasserwechsel, ist die Pflege kein Problem. Auch die Ernährung bietet keine Schwierigkeiten. Wichtig ist, dass immer eine größere Gruppe gepflegt wird. Die Regenbogenfische sind an keine bestimmte Laichperiode gebunden; sie pflanzen sich das ganze Jahr über fort. Deshalb findet ihre Vermehrung bei zusagenden Bedingungen auch im »normalen« Aquarium statt.

Regenbogenfische (*Melanotaenia boesemani*).

Posthornschnecke (*Heliosoma* sp.)

Anderes Getier

Schnecken

Wenn es sich nicht gerade um Apfelschnecken handelt, bekommt man Schnecken früher oder später sowieso ins Aquarium, indem man sie sich mit Wasserpflanzen oder Lebendfutter einschleppt. Die Frage lautet daher oft eher, wie man sie wieder aus dem Aquarium herausbekommt. Die kleineren Turmdeckel- und Posthornschnecken, die in der Aquaristik verbreitet sind, kann man wegen ihrer Tätigkeit als Bodenauflockerer und Restevertilger als Nützlinge bezeichnen.

Garnelen

Empfehlenswert sind vor allem kleine Arten , die man ohne große Bedenken auch mit kleineren Fischen vergesellschaften kann. Sie begnügen sich mit feinsten Futterpartikeln, die allerdings auch vorhanden sein müssen. Es genügt, eine kleine Portion Flockenfutter zwischen den Fingerspitzen zu zerbröseln und in die Filterströmung zu streuen, damit sie sich so im Aquarium verteilt, dass auch die Garnelen und nicht nur die Fische etwas davon haben. Natürlich dürfen die Fische im Aquarium nicht so groß sein, dass sie die Garnelen als Leckerbissen betrachten. Die Aquarienabdeckung muss dicht schließen, damit die Garnelen als echte Kletterkünstler nicht ausreißen können und dann irgendwo vertrocknen.

Zebragarnelen (*Caridina* sp.) aus Afrika werden höchstens vier Zentimeter lang. Sie sind »lebengebärend«, das heißt, das Weibchen entlässt voll ausgebildete Jungtiere und keine Larvenstadien, die sich erst im Laufe der Entwicklung umbilden.

Fächergarnelen (*Atyopsis moluccensis*) aus Südostasien (siehe Abbildung auf Seite 22) werden etwas größer, ernähren sich aber ebenfalls von feinster Nahrung, die sie mit ihren Fächerhänden aus dem Wasserstrom filtern.

Krabben und Krebse

Je nach Herkunft sind härteres Wasser oder Seesalzzusatz erforderlich. Auch leben die meisten Krabben amphibisch, brauchen also unbedingt eine Möglichkeit, an Land zu gehen. Krabben sind die Ausbrecherkönige unter den Aquarientieren, die selbst Abdeckungen anheben können. Größere Krabben und auch einige Krebsarten können auch Appetit auf Fisch oder sogar Artgenossen entwickeln und vor allem nachts über ruhende Beckengenossen herfallen. Zudem ist bei vielen Arten nicht sicher, welche Ansprüche sie genau haben und wie groß sie werden. Man sollte also zunächst die Auskunft des vertrauenswürdigen Fachhändlers einholen.

Carnegiella strigata

Marmorierter Beilbauchsalmler

Beilbauchsalmler können hervorragend springen; das Aquarium muss deshalb lückenlos abgedeckt sein. Die Fische stehen gern unter der Wasseroberfläche gegen die Strömung. Schwimmpflanzen verschaffen ihnen Deckung. Da sie recht stressempfindlich sind, muss man sie vorsichtig eingewöhnen. Am liebsten fressen sie Insekten von der Wasseroberfläche. Im Aquarium sind Fruchtfliegen neben schwarzen Mükkenlarven das beste Futter. Flockenfutter ist keine dauerhafte Ernährungsgrundlage.
H: nördliches Südamerika; **G:** 5; **W:** w–m;
T: 25–28; **A:** 80

Hemigrammus erythrozonus

Glühlichtsalmler

Der Glühlichtsalmler kommt am besten in einem dämmerigen Aquarium zur Geltung, wo er sich wohler fühlt als in einem zu hell beleuchteten Becken. Eine zu lebhafte Gesellschaft sagt ihm auch nicht zu; gut kann man ihn aber etwa mit kleinen Beilbauchsalmlern zusammen pflegen. Die Männchen können im Vergleich zu den Weibchen regelrecht hohlbäuchig wirken. Die Zucht gelingt in weichem, leicht saurem Wasser.
H: Essequibo-River in Guyana; **G:** 4; **W:** w–h;
T: 24–28; **A:** 80

Moenkhausia sanctaefilomenae

Rotaugen-Moenkhausia

Auch dieser Salmler gehört zu den alteingeführten »Anfängerfischen«. Aufgrund seiner Größe sollte man ihn aber auch in geräumigeren Aquarien halten. Bei der Ernährung sollte man darauf achten, dass auch pflanzliche Bestandteile gefüttert werden. Die Weibchen sind fülliger als die Männchen.
H: zentrales Südamerika; **G:** 7; **W:** w–h;
T: 22–26; **A:** 100

Paracheirodon axelrodi

Roter Neonsalmler

Mit seinen plakativen Farben schlägt er selbst die meisten Korallenfische. Dabei ist er nicht nur bunt, er zeigt auch ein interessantes Verhalten, wenn man ihn alleine oder nur in ruhiger Gesellschaft pflegt. Die Zucht gelingt nur in weichem, saurem Wasser. Der Rote Neonsalmler wird oft für wenig Geld angeboten. Das darf aber nicht dazu verführen, leichtfertig mit ihm umzugehen. **H:** oberer Rio-Negro-Einzug; **G:** 4; **W:** w–mh, s–n; **T:** 24–28; **A:** 80

Paracheirodon innesi

Neonsalmler

Bevor es den Roten Neon in der Aquaristik gab, war dieser Fisch der Verkaufsschlager Nummer eins. Er muss kühler gehalten werden als sein noch bunterer Verwandter und bietet dann kaum Probleme. Bei der Pflege im Artaquarium mit schattigen Zonen wird man auch bald Jungfische entdecken; dabei spielen die Wasserwerte für die Fortpflanzung keine so große Rolle. Das Wasser darf bis mittelhart und neutral sein.
H: Ostperu; **G:** 4; **W:** w–h; **T:** 20–24; **A:** 80

Phenacogrammus interruptus

Kongosalmler

Der einzige afrikanische Salmler, der in der Aquaristik eine weitere Verbreitung gefunden hat. Die Männchen werden größer als die Weibchen und bekommen »fransig« wirkende, ausgezogene After-, Rücken- und Schwanzflossen.
H: Zairebecken; **G:** 9; **W:** w–h; **T:** 24–28; **A:** 120

Karpfenähnliche Fische

Brachydanio rerio

Zebrabärbling

Der Zebrabärbling ist ein altgedienter Aquarienfisch. Da er ausgesprochen bewegungsfreudig ist und gern in einer Gruppe schwimmt, sollte man ihn in geräumigeren Becken in mindestens zehn Exemplaren pflegen. Eine deutliche Strömung trägt sehr zu seinem Wohlbefinden bei. Wenn dann noch dichte Pflanzenbestände vorhanden sind, ist es durchaus möglich, dass auch im »normalen« Aquarium Jungfische aufwachsen. Die Männchen sind intensiver gefärbt und schlanker als die Weibchen. Abgebildet ist eine Zuchtform mit Schleierflossen.

H: Vorderindien; **G:** 5; **W:** w–h; **T:** 22–26; **A:** 80

Karpfenähnliche Fische

Epalzeorhynchos bicolor

Feuerschwanz

Auch dieser Fisch ist ein Opfer seiner Attraktivität. Jüngere Feuerschwänze lassen sich oft noch zu mehreren pflegen; ältere Tiere werden meistens unverträglich, auch artfremden Fischen gegenüber. Das führt dann oft zu Einzelhaft in zu kleinen Aquarien. Möglicherweise ist die Pflege in wirklich großen Aquarien kein Problem.

H: Thailand; **G:** 15; **W:** w–h; **T:** 24–28; **A:** 250

Karpfenähnliche Fische

Pangio sp.

Dornauge

Im Handel findet man diese Dorngrundeln oft noch unter dem alten Gattungsnamen *Acanthophthalmus* und dem Artnamen *kuhlii*. Um welche Art es sich wirklich handelt, vermag nur der Spezialist zu entscheiden. Leider sind diese durchaus interessanten Fische vorwiegend in der Nacht aktiv. Tagsüber liegen sie versteckt im weichen Bodengrund oder in Pflanzendickichten, Rückzugsmöglichkeiten, die man ihnen auch im Aquarium bieten muss. Sie müssen auch in der Dunkelheit gefüttert werden.

H: Südostasien; **G:** 8–12, je nach Art; **W:** w–h; **T:** 24–28; **A:** 80

Puntius conchonius
Prachtbarbe
Die Jungfische, die man im Handel bekommt, zeigen noch nichts von der Farbenpracht, besonders der ausgewachsenen Männchen. Die Prachtbarbe ist einfach zu pflegen, sollte aber wegen ihrer Größe nur in geräumigeren Aquarien gepflegt werden.
H: nördliches Vorderindien; **G:** 12; **W:** w–h; **T:** 18–25; **A:** 120

Karpfenähnliche Fische

Puntius semifasciolatus »schuberti«
Brokatbarbe
Bei diesem beliebten Fisch handelt es sich um eine Zuchtform der etwas größer werdenden Messingbarbe aus Südchina. Obwohl Zuchtformen manchmal als empfindlicher eingestuft werden, ist die Pflege der Brokatbarbe einfach. Wie bei allen *Puntius*-Arten sind regelmäßiger Wasserwechsel, eine abwechslungsreiche Fütterung auch mit pflanzlicher Kost, genügend gleichartige Gesellschaft und ausreichend Raum die leicht zu erfüllenden Voraussetzungen für eine erfolgreiche Haltung.
H: Zuchtform; **G:** 8; **W:** w–h; **T:** 20–25; **A:** 80

Karpfenähnliche Fische

Puntius tetrazona
Sumatrabarbe
Die Sumatrabarbe steht in dem schlechten Ruf, anderen Fischen, Skalaren oder Fadenfischen etwa, die Flossenspitzen anzuknabbern, doch tun das andere Barben bisweilen auch. In der richtigen Gesellschaft mit beispielsweise Schmerlen und Grundeln erweist sie sich als lebendiger und friedlicher Fisch. Wie bei fast allen Barben sind die Männchen kräftiger gefärbt und schlanker als die Weibchen.
H: Sumatra; **G:** 8; **W:** w–h; **T:** 24–28; **A:** 80

Karpfenähnliche Fische

Karpfenähnliche Fische

Trigonostigma heteromorpha

Keilfleckbärbling

Dieser kleine Bärbling ist seit Anfang des Jahrhunderts in der Aquaristik verbreitet. Die Männchen sind schlanker, außerdem ist der Keil bei ihnen ein wenig nach vorn und unten ausgezogen. Sie sind außerordentlich friedlich und sollten deshalb nur mit ähnlich zurückhaltenden kleinen Arten vergesellschaftet werden. Keilfleckbärblinge laichen nicht so stürmisch wie die *Puntius*-Arten, sondern heften ihr Gelege an die Unterseite großer Wasserpflanzenblätter.

H: Südostasien; **G:** 4; **W:** w–h; **T:** 24–28; **A:** 80

Karpfenähnliche Fische

Tanichthys albonubes

Kardinalfisch

Der Kardinalfisch stammt aus den südchinesischen Bergen, deshalb darf er auch nicht zu warm gehalten werden. In allen anderen Dingen ist er so anspruchslos, dass man ihn als Anfängerfisch schlechthin betrachtet. Das darf allerdings nicht dazu verleiten, bei seiner Pflege nicht die gebührende Sorgfalt walten zu lassen. Dichte Randbepflanzung, regelmäßiger Wasserwechsel, Gruppenhaltung von mindestens zehn Tieren und abwechslungsreiche Ernährung sind seinem Wohlbefinden außerordentlich förderlich.

H: Südchina; **G:** 4; **W:** w–h; **T:** 18–22; **A:** 80

Panzer- und Schwielenwelse

Megalechis thoracata

Gefleckter Schwielenwels

Schwielenwelse sind ausgesprochen anspruchslos und ausdauernd, so dass es bei ihrer Pflege im Aquarium keine Probleme gibt, wenn man ihnen nur genügend Platz bietet. Interessant ist ihre Fortpflanzung, denn die Männchen bauen Schaumnester unter großen Blättern an der Wasseroberfläche und bewachen das Gelege.

H: weit verbreitet in Südamerika; **G:** 15; **W:** w–h; **T:** 20–28; **A:** 100

Panzer- und Schwielenwelse

Corydoras paleatus

Marmorierter Panzerwels

Aufgrund seiner Herkunft darf dieser Panzerwels keinesfalls zu warm gehalten werden. In allen anderen Dingen ist er ausgesprochen genügsam, so dass er ein idealer Fisch für das unbeheizte Wohnzimmeraquarium ist. Andere oft angebotene Arten, der Metallpanzerwels *Corydoras aeneus* beispielsweise, müssen bei deutlich höheren Temperaturen (etwa 24 bis 28 °C) gepflegt werden.

H: Argentinien; **G:** 7; **W:** w–h; **T:** 18–22; **A:** 80

Harnischwelse

Ancistrus sp.

Antennenwels

Da es viele ähnliche Arten gibt, fällt die Identifizierung schwer. Meist werden die Fische als Algenfresser angepriesen, sie mögen aber auch tierische Nahrung. Die Männchen – kenntlich an ihrem »Geweih« – sind oft sehr aggressiv. Wichtig sind Holzwurzeln, in deren Höhlen die Antennenwelse ablaichen, die sie aber auch beständig abraspeln, da sie die Zellulose als wichtigen Nahrungsbestandteil unbedingt benötigen. Die Männchen bewachen den Laich und die Jungen in den ersten Tagen.

H: Amazonien; **G:** je nach Art 10–20; **W:** w–h; **T:** 24–28; **A:** 80

Harnischwelse

***Peckoltia* sp.**

Auch aus dieser Gattung gibt es viele sehr ähnliche Arten. Wichtig für die Pflege sind auch hier Höhlen als Verstecke und Wurzelholz zum Abraspeln. Da die Männchen untereinander recht unverträglich sein können, darf das Aquarium nicht zu klein sein. Wie bei vielen anderen Harnischwelsen entwickeln sich bei den Männchen zur Fortpflanzungszeit feine Hautzähnchen (Odontoden) im Kopfbereich und auf dem Schwanzstiel. Außerdem sind die ersten Strahlen der Brustflossen wesentlich dicker als die der Weibchen. *Peckoltia*-Männchen bewachen und pflegen das Gelege.

H: tropisches Südamerika; **G:** 8–12; **W:** w–h; **T:** 24–28; **A:** 80

Harnischwelse

Baryancistrus sp. L 177

Um missverständliche Handelsnamen zu vermeiden, sind die in den letzten Jahren neu importierten und wissenschaftlich bisher nicht identifizierbaren Harnischwelse mit einem L (für Loricariidae = Harnischwelse) und einer fortlaufenden Nummer versehen worden. Sie werden in der DATZ vorgestellt, wo man auch Hinweise über ihre Lebensweise finden kann. Der hier abgebildete *Baryancistrus* ist ein friedlicher Wels, der Strömung liebt und neben pflanzlicher auch tierische Kost nimmt.

H: Rio Iriri in Ostamazonien; **G:** 30; **W:** w–h; **T:** 24–28; **A:** 150

Fiederbartwelse

Synodontis nigriventris

Rückenschwimmender Kongowels

Ein friedlicher Vertreter seiner Gattung. Erst mit dem Heranwachsen nehmen die Fische ihre ungewöhnliche Schwimmhaltung mit dem Bauch nach oben ein; Jungfische schwimmen in normaler Lage. Eine Vergesellschaftung mit Kongosalmlern oder kleineren Buntbarschen mit ähnlichen Ansprüchen ist ohne weiteres möglich.

H: Zaire-Einzug; **G:** 8; **W:** w–h; **T:** 24–28; **A:** 100

Lebengebärende Zahnkarpfen

Poecilia reticulata

Guppy

Die Wildform des Guppys ist über die Karibik und das nordöstliche Südamerika verbreitet und lebt dort sowohl in weichem als auch in härterem Wasser. Seine Anpassungsfähigkeit erlaubt es, ihn in nahezu jedem Wasser erfolgreich zu pflegen. Die Vermehrung erfodert kein Zutun des Aquarianers, sie lässt sich meistens nicht verhindern. Die zahlreichen Zuchtformen, zu denen die gezeigten Tiere gehören, sind meist an härteres, leicht alkalisches Wasser gewöhnt.

H: nördliches Südamerika, Karibik ; **G:** Männchen 4, Weibchen 6; **W:** w–h; **T:** 22–26; **A:** 80

Xiphophorus variatus
Platy
Auch beim Platy ist der ursprüngliche Fisch in der Aquaristik kaum noch zu finden, wohl aber herausgezüchtete Farbformen in vielen Spielarten. Die bekannteste und beliebteste ist der kräftig rot gefärbte Korallenplaty (siehe Seite 40).
H: Stammform östliches Mittelamerika;
G: 5–6; **W:** mh–h; **T:** 22–26; **A:** 80

Xiphophorus helleri
Schwertträger
Schwertträger sind gewandte, schnelle Schwimmer, die viel Platz brauchen. Ein zusätzliches, sehr schnell erkennbares Geschlechtsmerkmal ist das Schwert (die unten spitz ausgezogene Schwanzflosse) der Männchen. Auch vom ursprünglich grünen Schwertträger existieren verschiedene Varianten.
H: nördliches Mittelamerika; **G:** 10–12;
W: mh–h; **T:** 22–26; **A:** 100

Aphyosemion gardneri
Gardners Prachtkärpfling
Mehrere *Aphyosemion*-Männchen sollten nur dann im selben Aquarium gepflegt werden, wenn der Behälter wirklich groß ist. Sonst kommt es dauernd zu Kämpfen, die der Unterlegene durch Flucht nicht einfach abbrechen kann. Auch müssen für die Weibchen auf jeden Fall Versteckmöglichkeiten vorhanden sein. Von dieser und vielen anderen *Aphyosemion*-Arten gibt es Farbvarianten, die man keinesfalls miteinander kreuzen sollte. Die Farbformen werden durch den Zusatz des Fundortes zum Namen gekennzeichnet.
H: Nigeria; **G:** 8; **W:** w–mh; **T:** 22–26; **A:** 80

Eierlegende Zahnkarpfen

Aphyosemion australe

Cap Lopez

Diese Art ist ausgesprochen friedlich und vermehrt sich unter allen möglichen Bedingungen willig. Das hat dazu geführt, dass es vom Cap Lopez eine goldfarbene Zuchtform gibt. Die Unterscheidung der Geschlechter ist einfach: Während die Männchen in den buntesten Farben prangen, zeigen die Weibchen ein einheitliches Graubraun. Deshalb darf man auch die Weibchen verschiedener Arten nicht im selben Aquarium halten. Es ist nicht einfach, sie auseinanderzuhalten.

H: Gabun; **G:** 6; **W:** w–mh; **T:** 20–24; **A:** 60

Eierlegende Zahnkarpfen

Aplocheilus lineatus

Streifenhechtling

Bei den Hechtlingen ist die Unterscheidung der Geschlechter schwierig und nur dann zuverlässig möglich, wenn das Weibchen Laich angesetzt hat und wesentlich fülliger als das Männchen ist. Hechtlinge können sich schon einmal an kleineren Fischen, auch dem eigenen Nachwuchs, vergreifen, weshalb eine Schwimmpflanzendecke und dichte Pflanzenbestände sinnvoll sind. Auch können sie untereinander recht aggressiv sein.

H: Indien; **G:** 10; **W:** w–mh; **T:** 25–28; **A:** 100

Labyrinthfische

Betta splendens

Kampffisch

Aus der eigentlich sehr schönen Stammform sind in Thailand Zuchtformen entstanden, deren Männchen besonders aggressiv aufeinander losgehen. Außerhalb ihrer Heimat wird mehr Wert auf prächtige Farben und eine stark entwickelte Schleierbeflossung gelegt. Trotzdem ist ihnen eine recht hohe Angriffsbereitschaft untereinander geblieben. Die Weibchen können einem Männchen zu mehreren beigesellt werden. Die Ernährung ist mit Trocken-, besser mit Frost- und Lebendfutter möglich.

H: Thailand; **G:** 8; **W:** w–h; **T:** 25–28; **A:** 80

Macropodus opercularis
Makropode, Paradiesfisch
Der Makropode ist der »dienstälteste« tropische Aquarienfisch und auch heute noch wegen seiner Schönheit und Anspruchslosigkeit sehr zu empfehlen. Untereinander können Makropoden recht streitlustig sein, deshalb ist es besser, nur ein Paar in einem nicht zu kleinen Aquarium zu pflegen. Die Männchen sind farbiger und zeigen länger ausgezogene Flossen als die Weibchen.
H: Südostasien; **G:** 12; **W:** w–h; **T:** 20–28; **A:** 80

Trichogaster leerii
Mosaikfadenfisch
Ein außerordentlich friedfertiger, sogar scheuer Fisch, der sich nicht fortpflanzen wird, wenn eine allzu lebhafte Gesellschaft ihn dauernd stört. In einem großen Aquarium mit gutem Pflanzenwuchs, schattigen Zonen und einigen ruhigen, kleineren Beifischen wird er sich wohlfühlen, und die Männchen werden auch ihre rote Brustfärbung zeigen. Sonst ist die Art nicht sehr anspruchsvoll, sie ist mit den gängigen Futtersorten zufrieden; nur zur Zucht sollte man auf höchstens mittelhartes Wasser achten.
H: Südostasien; **G:** 12; **W:** w–h; **T:** 24–28; **A:** 100

Colisa lalia
Zwergfadenfisch
Der Handel bietet verschiedene *Colisa*-Arten an. Die beiden kleinen Arten, *Colisa lalia* und der noch kleinere Honiggurami *Colisa chuna*, dürfen natürlich nicht mit größeren, stürmischen Fischen vergesellschaftet werden. Der bis zu zwölf Zentimeter lange Gestreifte Fadenfisch, *Colisa fasciata*, ist schon etwas unempfindlicher in dieser Hinsicht. Bei allen Arten lassen sich die Geschlechter leicht unterscheiden, weil die Weibchen nie die Buntheit der Männchen erreichen, sondern immer nur eine silbrige Färbung zeigen.
H: Indien; **G:** 6; **W:** w–h; **T:** 24–30; **A:** 80

Labyrinthfische

Helostoma temminckii

Küssender Gurami

In ihrer Heimat sind diese silbergrauen Guramis beliebte Speisefische; für die Aquaristik hat man auch eine fleischfarbene Rasse herausgezüchtet, die aber, wie die Stammform, eigentlich zu groß für die meisten Aquarien wird. Der deutsche Name rührt vom Verhalten der Fische her, bei Auseinandersetzungen oder der Balz ihre Lippen aufeinanderzupressen. Diese Fische benötigen auch pflanzliche Kost, die wie die übrige Nahrung aus sehr kleinen Partikeln bestehen muss. Laichreife Weibchen wirken rundlicher als die Männchen.

H: Südostasien; **G:** 30; **W:** w–h; **T:** 24–28; **A:** 200

Mittelamerikanische Buntbarsche

Cryptoheros nigrofasciatum

Zebrabuntbarsch

Ein kleiner, anspruchsloser Cichlide, der sich unter nahezu allen Umständen vermehrt. Je nach Population tragen die Weibchen orange- bis messingfarbige Schuppen auf den Bauchseiten; die Flossen der meist etwas größeren Männchen sind länger ausgezogen. Zum üblichen Futter sollte ab und an auch etwas pflanzliche Kost gehören.

H: Mittelamerika; **G:** 9–12; **W:** w–h; **T:** 24–26; **A:** 100

Mittelamerikanische Buntbarsche

Thorichthys meeki

Rotbrustbuntbarsch

Der Rotbrustbuntbarsch gehört zu den Cichlidenpionieren in der Aquaristik. Leider hat das dazu geführt, dass auch er in Massen produziert wurde, worunter seine Farbigkeit, sein Verhalten und seine Vitalität leiden mussten. Besser versucht man, Nachzuchten von einwandfreien Elterntieren zu bekommen.

H: Mexiko, Guatemala; **G:** 12–15; **W:** w–h; **T:** 24–26 ; **A:** 120

Apistogramma cacatuoides
Kakadu-Zwergbuntbarsch

Während *A. cacatuoides* sich auch in härterem, leicht alkalischen Wasser fortpflanzt, muss für viele andere Arten das Wasser weich und sauer sein. Vor allem, wenn mehrere Männchen gemeinsam gepflegt werden, muss das Aquarium mindestens 120 Zentimeter lang sein. Üblicherweise setzt man ein Männchen mit mehreren Weibchen zusammen. Bei allen *Apistogramma* sind die Männchen größer und bunter, und die Weibchen zeigen während der Brutpflege ein gelbschwarzes Zeichnungsmuster.
H: peruanisches Amazonien; **G:** 8; **W:** w–h; **T:** 25–28; **A:** 8

Astronotus ocellatus
Pfauenaugenbuntbarsch

Oft sieht man beim Händler die kontrastreich marmorierten Jungfische des Pfauenaugenbuntbarschs. Das Entsetzen ist dann groß, wenn die schnellwüchsigen Fische nach und nach alle kleineren Fische auffressen und ohne Rücksicht auf die Behälterdimensionen immer weiter wachsen. In großen Aquarien erweist sich der Pfauenaugenbuntbarsch als ruhiger und eher friedlicher, charaktervoller Fisch. Im Handel sind verschiedene Zuchtformen wie der flächig kupferfarbene „Rote Oscar" und eine albinotische Rasse.
H: Amazonien; **G:** über 30; **W:** w–h; **T:** 25–30; **A:** 200

Südamerikanische Buntbarsche

Laetacara curviceps
Tüpfelbuntbarsch

Ein idealer Buntbarsch für ein Gesellschaftsaquarium. Ohne andere lebhaftere Fische, eine Gruppe kleinerer Salmler etwa, kann er sogar sehr scheu werden. Die Männchen werden etwas größer als die Weibchen. Die Jungfische sind nach dem Freischwimmen noch so klein, dass sie *Artemia*-Nauplien erst nach einigen Tagen bewältigen können. Zwei ähnliche, genauso empfehlenswerte Arten sind *Laetacara dorsigera*, der sich durch eine rote Brust- und Bauchpartie auszeichnet, und der wissenschaftlich noch unbeschriebene »Buckelkopf-*Laetacara*«.
H: östliches Amazonien; **G:** 8; **W:** w–h; **T:** 24–28; **A:** 80

Südamerikanische Buntbarsche

Südamerikanische Buntbarsche

Mikrogeophagus ramirezi

Schmetterlingsbuntbarsch

Der Schmetterlingsbuntbarsch wird in Südostasien in großen Mengen unter Einsatz von Medikamenten gezüchtet. Tiere von dort werden größer als die Wildform, sind anfälliger gegenüber Krankheiten und betreiben oft keine Brutpflege mehr. Demgegenüber sind Wildfänge recht anspruchsvoll in bezug auf die Wasserwerte (weich und leicht sauer bis sauer). Am geeignetesten für die Aquaristik sind Jungfische aus hiesigen Nachzuchten. Der Schmetterlingsbuntbarsch wird selten älter als zwei Jahre.
H: Orinoco-Einzug in Venezuela; **G:** 6;
W: w–mh, s–n; **T:** 26–28; **A:** 80

Südamerikanische Buntbarsche

Pterophyllum scalare

Skalar, Segelflosser

Dem Skalar muss man vor allem hohe Aquarien gönnen, in denen er sich auch bewegen kann. Er ist gut mit Panzerwelsen, kleineren Harnischwelsen und Salmlern zu vergesellschaften. Zu klein dürfen die anderen Fische allerdings nicht sein: Neonsalmler betrachtet er als Futter. Das Gelege wird auf Pflanzenblättern, Wurzelholz oder der Aquarienscheibe platziert. Geschlechtsunterschiede sind auch bei erwachsenen Fischen nicht zu erkennen.
H: Amazonien; **G:** 15; **W:** w–h; **T:** 25–28;
A: 120, mindestens 50 cm hoch

Westafrikanische Buntbarsche

Hemichromis-Arten

Rote Cichliden

Die verschiedenen Arten der Roten Cichliden auseinanderzuhalten, ist meist nur Spezialisten möglich. Für die Haltung im Aquarium spielt das allerdings keine große Rolle, denn die Ansprüche und Verhaltensweisen aller Arten sind weitgehend gleich. Obwohl sie wunderschön gefärbt sein können, haben sie nicht allzu viele Freunde gewinnen können, sie sind nämlich ausgesprochen ruppig. Erst in wirklich großen Aquarien lassen sich mehrere Paare pflegen.
H: West- und Zentralafrika; **G:** je nach Art 8–15;
W: w–h; **T:** 24–28; **A:** 80

Pelvicachromis pulcher

Pupurprachtbuntbarsch

Der Königscichlide ist schon lange in der Aquaristik eingebürgert und firmiert oft noch unter dem Namen *Pelmatochromis pulcher*. Um erste Erfahrungen mit westafrikanischen Buntbarschen zu sammeln, ist er ideal, denn er ist sowohl friedlich gegenüber andersartigen Fischen als auch recht anspruchslos in seinen Bedürfnissen. Sagen ihm die Pflegebedingungen zu, wird er sich auch fortpflanzen. Dabei wird in einer Höhle abgelaicht. Das Weibchen betreut das Gelege, während das Männchen das Revier verteidigt. Der Jungfischschwarm wird von beiden gemeinsam bewacht.
H: Südnigeria; **G:** 10; **W:** w–h; **T:** 24–28; **A:** 80

Steatocranus casuarius

Buckelkopfcichlide

Der Buckelkopfbuntbarsch stammt aus den Stromschnellenabschnitten des unteren Zaire, also sollte auch im Aquarium eine starke Pumpe für eine kräftige Wasserbewegung sorgen. Die Fische laichen in Höhlen und pflegen Gelege und Junge gemeinsam. Der Buckel der meist auch größeren Männchen ist stärker ausgeprägt als bei den Weibchen.
H: unterer Zaire; **G:** 12; **W:** w–h; **T:** 24–28; **A:** 100

Westafrikanische Buntbarsche

Aulonocara-Arten

Kaiserbuntbarsche

Die Kaiserbuntbarsche sind sich in ihren Ansprüchen sehr ähnlich. Es handelt sich um anderen Arten gegenüber wenig aggressive Fische, die eine bestimmte Höhle als Reviermittelpunkt wählen. Sie ernähren sich von tierischen Organismen, sind also keine Aufwuchsfresser. Ein Männchen muss mit mehreren Weibchen zusammen gepflegt werden.
H: Malawisee; **G:** 12; **W:** mh–h; **T:** 25–27; **A:** 120

Labidochromis caeruleus

Der häufig noch als »Yellow« bezeichnete Fisch ist ein typischer »Mbuna«, der wegen seiner geringeren Größe mit anderen kleineren Arten nicht ganz so geräumige Aquarien beansprucht.
H: Malawisee; **G:** 10; **W:** mh–h; **T:** 25–27;
A: 100

Pseudotropheus zebra

Zebrabuntbarsch

Einer der Fische, die den Malawisee-Boom ausgelöst haben, war *P. zebra*, ein typischer »Mbuna«, für den das oben gesagte in vollem Umfang gilt. Nach und nach wurden andere Farbvarianten und auch andere Arten bekannt; sie sind jedoch heute kaum noch in der Aquaristik verbreitet.
H: Malawisee; **G:** 12; **W:** mh–h; **T:** 25–27;
A: 120

Melanochromis auratus

Türkisbuntbarsch

Auch *M. auratus* gehört zu den ersten im Aquarium gepflegten Malawiseebuntbarschen, deren Aggressivität ihren Pflegern anfangs arg zu schaffen machte. Inzwischen sind auch aus dieser Gattung typischer »Mbunas« noch andere Arten importiert und ohne Probleme im Aquarium vermehrt worden.
H: Malawisee; **G:** 12; **W:** mh–h; **T:** 25–27;
A: 120

Neolamprologus brichardi
Prinzessin von Burundi
In einem höhlen- und nischenreichen Aquarium bietet die Pflege von *N. brichardi* keine Probleme. Die Geschlechter sind kaum zu unterscheiden, die Männchen sind meistens etwas größer als die Weibchen. Als Futter sind Lebend-, Frost- und Trockenfutter geeignet. Das Besondere bei dieser Art ist die Brutpflege. Jungfische aus früheren Gelegen unterstützen die Eltern bei der Bewachung der jüngsten Geschwister.
H: Tanganjikasee; **G:** 10; **W:** mh–h; **T:** 25–27; **A:** 80

Tanganjikasee-Buntbarsche

Neolamprologus ocellatus
Schneckenbuntbarsch
Die Schneckenbuntbarsche – es gibt mehrere Arten – haben eine besondere Art des Höhlenbrütens entwickelt, die ihnen auch zu ihrem Namen verholfen hat: Sie leben und vermehren sich in großen, leeren Schneckenhäusern. Für den Aquarianer bedeutet das, dass er für jeden Fisch ein leeres Weinbergschneckenhaus auf einen Bodengrund aus feinem Sand plaziert. Die Fische graben die Gehäuse in eine für sie günstige Position. Die Eier werden ebenfalls in einem Schneckenhaus abgelegt. Die Jungen können sofort *Artemia*-Nauplien bewältigen.
H: Tanganjikasee; **G:** 6; **W:** mh–h; **T:** 25–27; **A:** 80

Tanganjikasee-Buntbarsche

Tropheus moori
Tropheus moori wird meist in Gruppen mit einem größeren Weibchenanteil gehalten, damit in einer ausgebildeten Rangordnung die Aggressionen in Grenzen bleiben. Bei geringfügigen Eingriffen bricht dieses labile Gleichgewicht zusammen, und das jeweils schwächste Tier wird erbarmungslos verfolgt. Besser ist es, in einem großen Aquarium nur ein Paar zu pflegen, denn so leben die Tiere auch in der Natur. Die spezialisierten Aufwuchsfresser dürfen keinesfalls mit zu viel tierischer Nahrung gefüttert werden. Bewährt haben sich Trockenfuttersorten mit hohem pflanzlichem Anteil.
H: Tanganjikasee; **G:** 12; **W:** mh–h; **T:** 25–27; **A:** 200

Tanganjikasee-Buntbarsche

Regenbogenfische

Melanotaenia boesemani

Bei *Melanotaenia boesemani* handelt es sich um eine der zuerst importierten Regenbogenfischarten. Aufgrund ihrer Größe brauchen diese Fische ein großes Aquarium, das teilweise dicht bepflanzt und auch mit Schwimmpflanzen ausgestattet ist, damit die Jungfische sichere Verstecke finden.

H: »Irian Jaya« (Neuguinea); **G:** 13; **W:** mh–h; **T:** 24–26; **A:** 120

Schnecken

Apfelschnecken

(*Ampullaria* sp.)

Apfelschnecken fallen schon durch ihre Größe auf, wenn sie auch nur mit eher kleinen Äpfeln vergleichbar sind. Sie müssen mit zusätzlicher Pflanzennahrung versorgt werden, denn aufgrund ihrer Größe ist ihr Bedarf auch recht hoch, so dass sie sich schnell über die Wasserpflanzen hermachen. Apfelschnecken legen ihre Eier in einem Paket oberhalb der Wasseroberfläche ab und können überhaupt recht gut klettern, weshalb das Aquarium lückenlos abgedeckt sein muss.

Schnecken

Posthornschnecken

(*Heliosoma* sp.)

Posthornschnecken ernähren sich im Aquarium von Algen und Futterresten. Eine Massenvermehrung deutet auf zu viel verwertbare Stoffe im Aquarium hin (Überfütterung). Ist allerdings nicht genügend Nahrung vorhanden, werden auch Pflanzen angegangen.

Probleme und Plagegeister

Wassertrübung

Achtet man beim ersten Einrichten des Aquariums nicht genügend darauf, dass die obere Bodengrundschicht wirklich rein und nicht nur sauber ist, kommt es oft zu einer milchigen Trübung des Wassers, vor allem wenn das Wasser als direkter Strahl den Sand oder Kies aufgewühlt hat und nicht auf eine provisorische Unterlage gelaufen ist, die den Strahl bricht und ablenkt. In einem solchen Fall wird es die Filterung schwer haben, diese allerfeinsten Partikel zurückzuhalten; vielmehr befinden sie sich aufgrund der Wasserströmung dauernd in der Schwebe. Eine Möglichkeit ist, den Filter für ein oder zwei Tage abzuschalten und dann den Staub mit einem Schlauch abzusaugen. Die bessere Variante ist der sofortige Austausch des gesamten Wassers gegen klares, frisches, wobei man natürlich den eingangs gemachten Fehler vermeiden muss.

Es kann zu Beginn aber auch zu einer durch die Massenvermehrung von **Bakterien** verursachten Trübung kommen. Dann wäre ein Wasserwechsel genau die falsche Maßnahme, weil man den Bakterien mit dem frischen Wasser möglicherweise auch eine neue Nahrungsgrundlage bietet. Hier muss man einfach abwarten. Spätestens nach wenigen Tagen bricht die Bakterienpopulation zusammen, und das Wasser wird wieder klar.

Entwickelt sich eine bakterielle Wassertrübung erst nach längerer Zeit, befindet sich zu viel tote organische Substanz im Aquarium. Meistens wurde dann zu viel gefüttert, und das nicht gefressene Futter bietet den Bakterien hervorragende Bedingungen. Eine große tote Apfelschnecke oder ein größerer toter Fisch (kleinere werden vom Aquarium verkraftet, trotzdem sollte man sie entfernen) können ebenfalls der Grund sein. Hier muss man die Ursache erkennen und abstellen, das heißt vergammeltes Futter absaugen, eventuell den Filter säubern und einen großzügigen Wasserwechsel vornehmen.

Algen

Algen sind die größten Konkurrenten der Wasserpflanzen im Aquarium, nur können sie schneller auf Veränderungen reagieren und mit einem explosiven Wachstum die höheren Pflanzen unterdrücken. Algensporen sind eigentlich immer im Aquarium vorhanden. Sie werden mit Pflanzen, aber auch mit dem Transportwasser neuer Fische oder mit Lebendfutter fortwährend eingeschleppt. Ob sie aber eine Chance haben, sich zu entwickeln, hängt ganz von den Verhältnissen im Aquarium ab.

Auf keinen Fall sollte man seine Zuflucht zu chemischen Algenbekämpfungsmitteln nehmen, denn diese hemmen ebenso das Wachstum der Wasserpflanzen, können sie sogar schädigen, sodass man am Ende vielleicht die Algen beseitigt hat, die Wasserpflanzen aber nur noch vor sich hin kümmern.

Grünalgen sind als feines Gespinst dünner Fäden die harmlosesten Algen; sie werden sogar als Indikator für gesunde Verhältnisse im Aquarium gewertet. Nehmen sie überhand, lassen sie sich leicht entfernen, indem man sie auf ein Holzstäbchen aufwickelt und aus dem Aquarium zieht. Oft entwickeln sich Grünalgen auch als feiner festsitzender Belag auf Scheiben und Steinen, wo man sie mit einem Schwamm oder Filterwatte leicht abreiben kann.

Die grüne **Wasserblüte** entsteht, wenn zu viel Licht ins Aquarium fällt. Das Wasser wird undurchsichtig grasgrün gefärbt. Hier genügt es, zunächst das Becken zu verdunkeln, also für einige Tage die Beleuchtung nicht anzuschalten, und die Ursache abzustellen. Da die Aquarienbeleuchtung meist nicht so stark ist, dass sie für eine Algenblüte verantwortlich sein kann, kommt in fast allen Fällen nur der Standort als Auslöser in Frage. Das heißt, dass das Aquarium zu viel Sonnenlicht abbekommt. Wenn das Abdunkeln einer Seite etwa mit schwarzer Pappe keine Abhilfe bringt, muss das Aquarium eventuell an einem anderen Ort in der Wohnung aufgestellt werden, wo die Sonne das Becken nicht mehr erreichen kann.

Pinsel- oder Bartalgen sind mit ihrer Hartnäckigkeit oft eine Plage, wenn sie sich auf Steinen und Scheiben festsetzen und nur mit einigem Kraftaufwand von festen Unterlagen wieder zu entfernen sind. Bei Befall von Pflanzenblättern muss man diese rigoros entfernen, denn die Algen lassen sich nicht von den Blättern lösen, ohne sie erheblich zu beschädigen. Oftmals verschwinden diese Algen wieder, wenn der pH-Wert leicht abgesenkt wird, etwa durch den Einsatz einer CO_2-Düngeanlage.

Blaualgen sind die Geißel der Aquaristik. Als schmieriger blaugrüner oder auch rotbrauner Belag überziehen sie Pflanzen, Bodengrund und Dekorationsmaterialien und machen sich mit ihrem stechenden Geruch auch in der Wohnung bemerkbar. Da es sich bei ihnen eigentlich um Bakterien handelt, gedeihen sie auch unter Umständen, die den Aquarienpflanzen nicht genügen.

Ursache für ihr übermäßiges Auftreten ist ein Zuviel an organischer Substanz im Wasser. Es wird also entweder zu viel gefüttert, oder der Filter wurde zu lange nicht gesäubert, auch absterbende Pflanzenteile sind nicht entfernt worden. Zunächst muss die Ursache abgestellt werden. Dann sollten die Blaualgen jeden Tag mit einem Schlauch abgesaugt werden und das dabei gleichfalls entfernte Aquarienwasser durch frisches ersetzt werden. Das muss solange wiederholt werden, bis die Algen nicht mehr schneller nachwachsen als sie entfernt werden.

Dann sollten die Pflanzenbestände überprüft und durch schnellwüchsige problemlose Stängelpflanzen ergänzt werden, die vorliegende Nährstoffe schneller aufnehmen können als die Algen und ihnen damit die Existenzgrundlage entziehen. Gleichzeitig sollte man überprüfen, ob die Beleuchtung ausreichend ist oder nicht doch besser verstärkt werden sollte. Eine Absenkung des pH-Wertes in den leicht sauren Bereich kann ebenfalls unterstützend wirken und gleichzeitig den Pflanzenwuchs fördern, wenn man sie mit einer CO_2-Anlage vornimmt.

Als weitere Maßnahmen kommen eine völlige Verdunkelung auch gegenüber einfallendem Tageslicht von mindestens fünf Tagen und der Einsatz junger Apfelschnecken in Betracht, die wohl als bisher einzig bekannte Aquarienbewohner auch Blaualgen vertilgen. Manche Harnischwelse (beispielsweise *Ancistrus*-Arten) fressen ebenfalls Blaualgen, allerdings meist nur, wenn die Fische neu in das Aquarium gesetzt werden.

Bei einem Blaualgenbefall muss man damit rechnen, sich bis zu zwei Wochen täglich intensiv mit dem Aquarium zu beschäftigen; man wird sie dann aber auch immer garantiert los. Die beste Prophylaxe gegen übermäßigen Algenwuchs ist und bleibt die konsequente und stete Pflege des Aquariums, worunter vor allem der regelmäßige Teilwasserwechsel zu verstehen ist.

Schnecken

Schnecken können zur Plage werden, wenn sie sich übermäßig vermehren und mangels Nahrung anfangen, auch die Pflanzen zu

Für die Pflege von Platys und anderen Lebendgebärenden Zahnkarpfen sind Aquarien mit Grünalgenrasen besonders geeignet, da die Fische gern Algenpartikel und dazwischen befindliche Kleinlebewesen fressen.

fressen. Auch hier gilt die schon bei den Algen ausgesprochene Warnung, keine chemischen Mittel einzusetzen, denn diese können auch empfindliche Fische schädigen oder die Bakterienkultur im Filter stören. Schnecken lassen sich von Hand absammeln oder mit einer kleinen Falle, in der eine Futtertablette als Köder dient, einfangen. In vernünftigen Mengen sind Schnecken aber eher nützlich als schädlich, weil sie Futter- und Pflanzenreste fressen und so aus dem Haushalt des Aquariums entfernen.

Fischkrankheiten

Im begrenzten Umfang dieses Büchleins ist nicht der Platz, ausführlich auf die Thematik einzugehen. Außerdem erfordert die gewissenhafte Diagnose tiermedizinisches Fachwissen und den geübten Einsatz verschiedener Präparations- und Mikroskopierverfahren. Allerdings gibt es nur wenige Tierärzte, die sich auf das Gebiet der Fischkrankheiten spezialisiert haben. Solche Adressen lassen sich aber bei einem Aquarienverein in Erfahrung bringen, wenn man dort nicht sogar direkt weiterhelfen kann, weil es erfahrene Mitglieder gibt, die sich schon lange mit dieser Materie beschäftigen.

Außerdem sollte man sich zusammen mit den ersten Fischen ein bewährtes Präparat gegen die gefürchtete **Weißpünktchen-Krankheit** (hervorgerufen durch *Ichthyophthirius multifiliis*) kaufen. Diese Krankheit ist einfach und sicher zu erkennen; sie tritt sehr häufig auf und tut das mit unschöner Regelmäßigkeit an Samstagnachmittagen, wenn alle Zoofachhandlungen bereits geschlossen sind. Am Montag ist es dann oft schon zu spät.

Gegen die meisten Krankheiten gibt es im Fachhandel erprobte Mittel. Der Umgang und die Dosierung müssen stets nach Vorschrift erfolgen! Es handelt sich um teils giftige, jedenfalls oft auch für den Menschen gefährliche Inhaltsstoffe, die auf jeden Fall für Kinder absolut unzugänglich aufbewahrt werden müssen!

Der Ausbruch von Krankheiten ist eigentlich immer der Beweis dafür, dass der Aquarianer etwas falsch gemacht hat. Neuerworbene Fische sollten, sowie das irgend möglich ist, zunächst in einem **Quarantänebecken** beobachtet und nötigenfalls behandelt werden. Natürlich ist das für den Besitzer eines einzigen Aquariums eine unerfüllbare Forderung, deshalb muss man schon beim Zoofachhändler auf die Gesundheit der Fische besonders achten, und Tiere, die bereits im Händlerbecken mögliche Krankheitssymptome zeigen, darf man nicht kaufen.

In einem bestehenden Aquarium brechen Krankheiten immer dann aus, wenn die Fische durch Stress, der durch ungünstige äußere Verhältnisse entsteht, geschwächt werden. Das kann ein zu starker Besatz sein, genausogut kommen unzuträgliche Wasserwerte in Betracht, wenn man etwa den fälligen Teilwasserwechsel zu lange hinauszögert. Alles, was den Fischen außerhalb ihres Lebensoptimums zugemutet wird, setzt sie unter Druck und führt über kurz oder lang zu Problemen, die sich dann oft genug als plötzliches Auftreten einer Krankheit darstellen.

Es muss aber nicht nur die Faulheit des Aquarianers Schuld daran sein, wenn die Fische plötzliches Unwohlsein zeigen. So ist es schon vorgekommen, dass im Trinkwasser für den Menschen nicht spürbare Mengen von Insektiziden oder Herbiziden ganze Fischbestände dahingerafft haben, wogegen man fast machtlos ist, da das Dilemma erst erkannt werden kann, wenn es schon zu spät ist.

Jede Änderung im Verhalten der Fische, die nicht im Zusammenhang mit ihrem »Alltag«, Kampf oder Fortpflanzung steht, muss sofort genau beobachtet und daraufhin überprüft werden, ob es sich um mögliche Symptome einer Krankheit oder Vergiftung handelt. Ebenso müssen alle Auffälligkeiten der äußeren Erscheinung als Alarmzeichen eingestuft werden. Das können ein aufgetriebener oder abgemagerter Leib, weiße Punkte, Rötungen, graue oder milchige Beläge auf der Haut, watteartige Bildungen an den Flossen und vieles mehr sein. Auch der Kot des Fisches kann Anzeichen einer Krankheit erkennen lassen.

Plötzliches Umherschießen, Springen, schließlich Taumeln und unkontrollierte Drehbewegungen sind ein sicheres Anzeichen für eine **Vergiftung**. Die Wasserwerte müssen sofort überprüft werden. Eventuell lässt sich durch einen rigorosen Wasserwechsel Abhilfe schaffen. Sind Metalle (etwa Kupfer bei neuverlegten Wasserleitungen) für den Zwischenfall verantwortlich, muss beim Wasserwechsel ein Aufbereitungsmittel verwendet werden, das Metallionen sofort bindet. Ist ein Säuresturz die Ursache, müssen mit einem Austausch des Aquarienwassers die Symptome gelindert und abgestellt werden.

Hängen die Fische unter der Wasseroberfläche und atmen heftig, kann nicht nur **Sauerstoffmangel** vorliegen. Die Ursache lässt sich mit einem Ausströmer oder einer Verstärkung der Wasserbewegung an der Oberfläche leicht beheben. Oft wird aber die Atmung durch einen CO_2-Überschuss blockiert, der besonders morgens auftritt, wenn zum Beispiel zu viele Fische im Aquarium gehalten werden. Auch zu viel Nitrat im Wasser ruft diese Symptome hervor. Als Sofortmaßnahme muss ein Großteil des Aquarienwassers gewechselt werden. Danach ist selbstverständlich die Ursache zu suchen und abzustellen.

Bei einer zu niedrigen Wassertemperatur können sich Fische **erkälten**, wobei zuerst die Schwimmblase in Mitleidenschaft gezogen wird. Die Tiere hocken auf dem Boden und können sich nur unter sichtlichen Mühen ins freie Wasser erheben. Auch bei zu schwacher Wasserbewegung können Schichtungen entstehen, sodass das Wasser am Boden erheblich kühler sein kann als in den höheren Regionen des Aquariums. Besonders empfindlich gegen zu kaltes Wasser sind Black Mollys, die man immer bei mindestens 25 °C halten sollte, besser sind ein paar Grad mehr.

Der am häufigsten bei Aquarienfischen auftretende Parasit ist der Einzeller **Ichthyophthirius multifiliis**, der die berüchtigten weißen Pünktchen – von den Aquarianern kurz als Ichthyo bezeichnet – hervorruft, die zunächst nur zu wenigen auf Haut und Flossen sitzen. Die Fische scheuern sich, zeigen Flossenklemmen und -zucken. Immer mehr Pünktchen erscheinen auf den Fischen, bis ganze Hautpartien befallen sind und der Fisch stirbt. Die Behandlung mit bewährten im Handel erhältlichen Präparaten ist einfach; beachtet werden muss jedoch, dass eine Wiederholung oder Nachdosierung nach Vorschrift erfolgt, damit auch die Stadien des Parasiten abgetötet werden, die zu Beginn der Behandlung noch unangreifbar waren.

Durch erheblich kleinere Pünktchen, die den Fisch bei starkem Befall wie mit Mehl bestäubt erscheinen lassen, macht sich der Parasit **Piscinoodinium pillularis** bemerkbar, der von Aquarianern meistens *Oodinium* genannt wird. Außer den im Handel erhältlichen Mitteln hilft hier meistens Kochsalz (ohne Jod!) in einer Dosierung von einem gehäuften Teelöffel auf zehn Liter Aquarienwasser, die sich abhängig von der Fischart bis auf drei Teelöffel steigern lässt. Nach erfolgter Behandlung muss das Wasser natürlich gewechselt werden, da das Salz auf Dauer den Pflanzen schadet.

An oft auch nur kleinen Verletzungen der Haut oder der Flossen bilden sich manchmal **watteartige Beläge**. Die Erscheinung wird meist als Pilzbefall bezeichnet; tatsächlich handelt es sich hier jedoch um parasitäre Algen. Mit den handelsüblichen Mitteln lässt sich die Erkrankung in den meisten Fällen leicht in den Griff bekommen.

Ist der Kot eines Fisches weiß und fädig, liegt mit Sicherheit ein Befall mit **Darmparasiten** vor. Ursachen sind fast immer falsche Haltungsbedingungen mit zugleich ungeeigneter Ernährung; bei manchen Arten tritt aber auch bei großen Stressbelastungen ein Massenbefall mit Darmparasiten auf. Hier ist auf jeden Fall der Rat eines Experten einzuholen.

Einrichtung eines Aquariums

1. Aufstellung

Das Aquarium wird auf einen stabilen Unterbau gestellt und exakt waagerecht ausgerichtet. Eine Aquarienmatte oder Styroporplatte dient als Unterlage.

Am einfachsten ist es, wenn man zum Aquarium gleich eine passende Abdeckung kauft.

2. Technik

Die Heizung ist in den Außenfilter integriert; die CO_2-Versorgung wird über Elektrode und Schaltventil gesteuert. In der Abdeckung sind zwei 36-Watt-Leuchtstoffröhren eingebaut.

3. Bodengrund und Dekoration

Zuerst wird eine eventuelle Bodenheizung verlegt. Darauf wird ein spezieller Pflanzennährboden geschichtet. Nachdem die Steine so angeordnet worden sind, dass der Boden in Terrassen ansteigend verlaufen kann, wird der Nährboden mit sauber (!) ausgewaschenem Kies abgedeckt.

Flache Steine eignen sich gut zur Dekoration und dienen vielen Fischen als Ablaichsubstrat.

4. Das Einfüllen des Wassers

Das Aquarium wird nur halb gefüllt, damit es beim Einsetzen der Pflanzen nicht überläuft. Dazu kann man eine Gießkanne oder einen an den Wasserhahn angeschlossenen Schlauch verwenden. In jedem Fall sollte man etwas (etwa einen Teller) auf den Boden legen, damit man den Kies nicht aufwirbelt.

5. Die Bepflanzung

Die Pflanzen werden aus ihren Plastiktöpfen genommen; vorsichtig löst man die Steinwolle um die Wurzeln ab. Auch Bleiband wird entfernt. Die Blätter an den unteren Internodien der Stängelpflanzen werden abgezupft oder abgeschnitten; hier bilden sich die neuen Wurzeln. Ebenso werden die Wurzeln der Rosettenpflanzen erheblich gekürzt. Nun können die Pflanzen in den Bodengrund eingesetzt werden.

Einrichtungsvorschlag für ein Aquarium von 1,20 m Länge.
1 = *Limnophila indica*; 2 = *Hygrophila corymbosa*; 3 = *Hygrophila difformis*; 4 = *Bolbitis heudelotii*; 5 = *Sagittaria subulata*; 6 = *Anubias barteri* var. *nana*; 7 = *Echinodorus martii*; 8 = *Hydrocotyle leucocephala*; D = CO_2-Diffusor; F = Filteransaugrohr; S = Steine; W = Wurzel

Die Wurzeln der Topfpflanzen werden vorsichtig von der sie umgebenden Steinwolle befreit.

Oben: Die unteren Blätter der Stängelpflanzen sollten entfernt werden.
Unten: Erst einige Zeit nach der Bepflanzung richten sich die Pflanzen nach dem Licht aus.

Den Beutel mit den gerade erworbenen Fischen legt man zum Angleichen der Temperatur auf die Wasseroberfläche.

Ein langsamer Wasseraustausch erleichtert den Fischen die Anpassung an das Wasser im Aquarium.

6. Start

Das Wasser wird jetzt vorsichtig aufgefüllt, Filter, Heizung und Beleuchtung in Betrieb genommen und in den nächsten Tagen auch die CO_2-Versorgung richtig eingestellt.

7. Geduld

Zunächst stehen die Pflanzen schief und krumm, richten sich aber innerhalb weniger Stunden nach dem Licht aus. Nach einer Woche ist bereits deutlich das Wachstum zu erkennen.

8. Bakterien und nochmals Geduld

Nach ungefähr zehn Tagen liegt der Nitrit-Wert unterhalb der Nachweisgrenze: Alle im Filter notwendigen Bakterien sind vorhanden und arbeiten.

9. Endlich: Die Fische

Nach zwei Wochen ist das Aquarium so eingefahren (die Pflanzen sind verwurzelt, der Filter arbeitet biologisch, die Wasserwerte sind stabil), dass die Fische eingesetzt werden können.

Gefüttert wird erst am nächsten Tag, wenn die Tiere ihre Umgebung bereits kennen und keine übertriebene Scheu mehr zeigen.

10. Regelmäßige Arbeiten

Wasserwechsel: Alle sieben oder 14 Tage 25 bis 50 % des Aquarienwassers gegen frisches austauschen. Dabei Mulm und abgestorbene Pflanzenteile entfernen.

Je nach Wachstum überschüssige Pflanzen entnehmen beziehungsweise einkürzen, wenn sie die Oberfläche erreicht haben.

Je nach Größe des Filters und der Anzahl der Fische den Filter reinigen. Das Intervall kann zwischen zwei Wochen und sechs Monaten schwanken.

Literaturverzeichnis

Hier finden Sie eine Reihe von Büchern, die sich mit spezielleren Themen der Aquaristik beschäftigen. Die Titel sind teilweise nicht mehr im Handel erhältlich, sollten aber über eine öffentliche Bibliothek oder die Bücherei eines Aquarienvereins zu bekommen sein.

Allgemein

Schaefer, C. & I. Schroer (Hrsg.) (2004): Das große Lexikon der Aquaristik. Stuttgart.
Schaefer, G., Kasselmann, Ch. & A. Raschke (2007): Das Aquarium von A–Z. Stuttgart.

Aquarieneinrichtung, -wasser und -technik

Drescher, M. & B. Greger (2001): Fantastische Süßwasseraquarien. Bornheim.
Geisler, R. (1964): Wasserkunde für die aquaristische Praxis. Stuttgart.
Knop, D. (1999): Aquarienbeleuchtung. Ettlingen.
Krause, H. J. (1998; 5 Auflage): Handbuch Aquarienwasser. Ruhmannsfelden.
Sander, M. (1998): Aquarientechnik im Süß- und Seewasser. Stuttgart.
Stawikowski, R. (1990): Fische im Biotopaquarium. Stuttgart.

Fischernährung

Bremer, H. (1997): Aquarienfische gesund ernähren. Stuttgart.
Dreyer, S. (1995): Zierfische richtig füttern. Ruhmannsfelden.

Aquarienpflanzen

Horst, K. (1992; 2. Auflage): Pflanzen im Aquarium. Stuttgart.
Kasselmann, C. (1999; 2. Auflage): Aquarienpflanzen. Stuttgart.
Titz, T. (2002): Grundkurs Aquarienpflanzen. Stuttgart.

Fischkrankheiten

Reichenbach-Klinke, H.-H. & W. Körting (1993): Krankheiten der Aquarienfische. Stuttgart
Untergasser, D, (2005): Krankheiten der Aquarienfische. Stuttgart.

Einzelne Fischfamilien und -gruppen

Evers, H.-G. (1994): Panzerwelse: Aspidoras, Brochis, Corydoras. Stuttgart
Evers, H.-G. & I. Seidel (2002): Welsatlas, Band 1. Melle
Hoffmann, P. & M. Hoffmann (2000): Salmler. Stuttgart
Kempkes, M. (1999): Lebendgebärende Zahnkarpfen. Stuttgart.
Kokoscha, M. (1998): Labyrinthfische. Stuttgart.
Rahn, G. (2002): Diskus. Stuttgart.
Schaefer, C. (1998). Buntbarsche. Stuttgart.
Schaefer, C. (1998): Welse. Stuttgart.
Steinle, C.-P. (1998): Barben und Bärblinge. Stuttgart.

Garnelen, Krebse, selten gepflegte Fische

Bork, D. & H. J. Mayland (1998): Seltene Schönheiten im Süßwasseraquarium. Bornheim.
Werner, U. (2004): Krabben, Krebse und Garnelen im Süßwasseraquarium. Mörfelden-Walldorf.
Werner, U. (1993): Ausgefallene Aquarienpfleglinge. Hannover.

Bildquellen

Zeichnungen:
Oliver Gehring.

Fotos:
S. Dreyer: Seite 49, 50
B. Greger: Seite 24, 37 oben, 38 (3), 39 oben und unten, 40 (3), 41 unten, 42 (3), 43 (3), 77 Mitte
C. Schaefer: Seite 20 (4), 86 (2), 87 (3), 89 (2)
R. Stawikowski: Seite 65 Mitte, 67 Mitte, 72 oben, 74 Mitte und unten, 76 Mitte und unten, 78 oben und Mitte, 80 oben und unten

Alle übrigen Bilder, Titelbild: Arend van den Niewenhuizen.

Adressen

Verband Deutscher Vereine für Aquarien- und Terrarienkunde e. V. (VDA)
Geschäftsstelle: Hans und Ingrid Stiller, Luxemburger Straße 16, 44789 Bochum.
www.vda-online.de

Arbeitskreis Wasserpflanzen im VDA
Geschäftsführer: Roland Strößner, Flurstraße 45, D-95119 Naila
www.ak-wasserpflanzen.de

Arbeitskreis Wirbellose in Binnengewässern (AKWB), Leiter Kai A. Quante, Göttingstr. 28, D-38106 Braunschweig
www. wirbellose de.

VDA-Arbeitskreis Barben, Salmler, Schmerlen, Welse
Geschäftsstelle: Uwe Wolf, Lindenwiese 5, D-98544 Zella-Mehlis.
www.bssw-online.de

Deutsche Cichliden-Gesellschaft e. V. (DCG)
Geschäftsführer: Winfried Poesdorf, Parkstraße 21a, D-33719 Bielefeld.
www.dcg-online.de

Deutsche Gesellschaft für Lebendgebärende Zahnkarpfen e. V. (DGLZ)
Geschäftsführer: Harald Auer, Schlesierstr. 5, D-97340 Marktbereit
www.dglz.de

Deutsche Killifisch Gemeinschaft (DKG) e.V.
Geschäftsführer: Gerhard Rosch, Europaring 24, 26289 Wilhelmshaven.
www.dkg.killi.org

Internationale Gemeinschaft für Labyrinthfische (IGL)
Geschäftsführer: Bernd Bussler, Joachim-Mähl-Str. 15, D-22459 Hamburg
www.igl-home.de

Register

Bibliografische Information der Deutschen Nationalbibliothek
Die Deutsche Nationalbibliothek verzeichnet diese Publikation in der Deutschen Nationalbibliografie; detaillierte bibliografische Daten sind im Internet über http://dnb.d-nb.de abrufbar.

Wollgrasweg 41, 70599 Stuttgart (Hohenheim)
E-Mail: info@ulmer.de
Internet: www.ulmer.de
Umschlaggestaltung: Atelier Reichert
Lektorat: Michael Kokoscha, Dr. Eva-Maria Götz
Herstellung: Thomas Eisele
Reproduktion: Typomedia GmbH, Ostfildern
Druck und Bindung: Firmengruppe APPL, aprinta druck, Wemding
Printed in Germany

ISBN 978-3-8001-5461-6

Die Datz – Aquaristik pur!

Erleben Sie monatlich in der **Datz** die Welt der **Fische, Amphibien und Reptilien**.

Farbig, lebendig und vielfältig.

In der **Datz** finden Sie die Themen, die Sie interessieren: **Süßwasser, Meerwasser, Terraristik, Pflanzen und Technik**.

Erweitern Sie Ihr Fachwissen! Sie finden **faszinierende Bilder, fundierte Berichte namhafter Autoren und interessante Hintergrundinformationen**.

Praxiserprobte Antworten erhalten Sie von unseren Fachleuten auf die Fragen:

- Haltung und Zucht von Aquarien- und Terrarientieren
- Bekämpfung von Krankheiten Ihrer Tiere
- Optimale Futterauswahl
- Aquarientechnik

Neuigkeiten, „aus aller Welt, beim Zubehör und bei der aquaristischen und terraristischen Literatur“ erfahren Sie in den Rubriken Magazin, Prisma, Forum und Bücher.

Im **umfangreichen Anzeigenteil** der **Datz** können Sie sich umfassend informieren und auswählen.

Fordern Sie Ihr kostenloses Probeexemplar an!

Verlag Eugen Ulmer
Postfach 70 05 64 ◆ 70574 Stuttgart ◆ Fax: 0711/4507-120
www.datz.de